Büttner · Mit aggressiven Kindern leben

Christian Büttner

Mit aggressiven Kindern leben

4. Auflage

Beltz Verlag · Weinheim und Basel

Christian Büttner ist promovierter Psychologe und Mitarbeiter der Hessischen Stiftung für Friedens- und Konfliktforschung in Frankfurt. Außerdem ist er Mitherausgeber des im Beltz Verlag erscheinenden »Jahrbuchs der Kindheit«.

Die Deutsche Bibliothek – CIP-Einheitsaufnahme

Büttner, Christian:
Mit aggressiven Kindern leben / Christian Büttner. – 4., unveränd. Aufl., Neuausg. – Weinheim ; Basel : Beltz, 1994
(Beltz grüne Reihe)
ISBN 3-407-25154-8

Neuausgabe 1994 (4., unveränderte Auflage des Bandes aus der Reihe Pädagogik, ISBN 3 407 34016 8)

Lektorat: Peter E. Kalb

Satz: Satz- und Reprotechnik GmbH, Hemsbach
Druck und buchbinderische Verarbeitung:
Druckhaus Beltz, Hemsbach
Umschlaggestaltung: Dieter Vollendorf, München
Umschlagfoto: Volker Budesheim
Printed in Germany

ISBN 3 407 25154 8

Inhaltsverzeichnis

Einleitung

Im Jahr 1986, das von den Vereinigten Nationen als das „Jahr des Friedens“ ausgerufen wurde, registrierten österreichische Friedensforscher 37 aktuelle Kriege.[1] Die achtziger Jahre sind aber nicht nur Jahre unfriedlicher internationaler Begegnungen, sondern auch innergesellschaftliche Konflikte wurden mit unverminderter Gewalt ausgetragen. Sowohl in der Bundesrepublik als auch in Frankreich sind inzwischen Tote zu beklagen, Malik Oussekine und Günter Sare, die bei Demonstrationen ums Leben kamen. Die Welt der Erwachsenen bot also auch in den achtziger Jahren keine besonders guten Voraussetzungen für Pädagogen, sie den Kindern als ein Modell für wünschenswerte Beziehungen zwischen den Menschen vorzuführen. Im Gegenteil: Einmal mehr bestätigte sich die leidvolle Erfahrung der Logik von Gewalt und Gegengewalt, von Erfolg durch Macht und Waffen, von Machtwahn und Verantwortungslosigkeit gegenüber einer menschlicheren Zukunft.

Pädagogen, die auf eine gewaltfreie Zukunft hinerziehen wollen, haben es bei solchen Gegenwartsbezügen im doppelten Sinne schwer. Einerseits müssen sie gegen den Strom schwimmen und können, wie viele Menschen, die mit den herrschenden Verhältnissen nicht einverstanden sind, selbst leicht in eine gewisse Radikalität geraten. Andererseits führt die Leichtigkeit, mit der man die äußeren Verhältnisse an der Gewalttätigkeit der Kinder für schuldig befinden kann (das Fernsehen, die Nachbarskinder usw.), häufig dazu, den eigenen Macht- und Gewalttendenzen gegenüber blind zu werden. Dies macht die Reflexion des *pädagogischen* Verhaltens sehr schwierig und behindert Veränderungen, für die man selbst die Verantwortung zu tragen hätte.

Werden dagegen Affekte zum pädagogischen Thema, z. B. Angst und Wut, dann geraten Pädagogen häufig an ihre Grenzen. Nicht nur, daß diese Affekte im Rahmen fremdbestimmter Absichten kaum beeinflußbar sind, das pädagogische Verhältnis selbst ist von ihnen betroffen: Der Pädagoge begreift sich selten als der Mächtige, obwohl sich der „Zögling" fast immer als der Ohnmächtige fühlt; die Erziehungs*gewalt* wird nach wie vor von Eltern ausgeübt; und die Ziele einer Pädagogik müssen darauf ausgerichtet sein, den Zögling für eine Welt voller Gewalt zu „sozialisieren" – so paradox das sein mag gemessen am Ziel einer auf Gewaltfreiheit ausgerichteten Erziehung[2].

Die Pädagogik gerät aber auch durch die unmittelbaren Affekte bei den Kindern an ihre Grenzen. So muß etwa der Pädagoge häufig seine eigene Ohnmacht gegenüber aggressiven Kindern erfahren und seine Hilflosigkeit gegenüber kindlicher Angst erleben, und er bleibt, will er gewaltfrei erziehen, objektiv in der Widersprüchlichkeit zwischen seinen Zielen und denen der Gesellschaft gefangen.

Starke Affekte sind oft kaum rational begründbar. Und selbst wenn sie das sein sollten, reicht doch die Verbalisierung ihrer Begründung selten aus, um sie zum Verschwinden zu bringen. Die Suche nach den Ursachen einer aggressiven Auseinandersetzung, etwa wer angefangen hat, mutet oft an wie eine verzweifelte, wenngleich erfolglose kriminalistische Arbeit. In vielen Fällen ist nicht einmal ersichtlich, was der aggressive Höhepunkt tatsächlich mit der aktuellen Beziehungsrealität zu tun hat. Solche Affekte scheinen auf Phantasien zurückzugehen, die überhaupt nicht mehr mit rationalen Mitteln einer Konfliktpädagogik erreichbar sind.

Ich habe in meiner Beratungs- und Supervisionstätigkeit immer wieder erfahren können, daß das Unverständnis oder das Nicht-Verstehen-Wollen von Beziehungsschwierigkeiten zwischen Pädagogen und Kindern das größte Handicap für Veränderung darstellte. Nicht die Suche nach pädagogischen Rezepten (was soll ich tun?) führte zum „Erfolg" sondern das Verständnis für Aggressionen, Angst oder Gewalt bestimmter Kinder unter bestimmten Umständen, in die ein Pädagoge in bestimmter Weise verstrickt war (was macht mich handlungsunfähig?). Das Verständnis änderte die Einstellung gegenüber einem schwierigen Kind, ließ die eigenen Probleme mit Macht-, Gewalt- und Angstaspekten in der Beziehung zum Kind sichtbar werden und unterstrich die Rolle des Pädagogen als „Regisseur" von Beziehungserfahrungen. Damit eröffneten sich zugleich auch neue Handlungsperspektiven, der Beziehungs-„Knoten“ war geplatzt.[3]

Von diesen Beziehungsschwierigkeiten soll in den folgenden, jeweils in sich abgeschlossenen Texten die Rede sein[4]. Sie sind – ohne direkten Bezug aufeinander – von dem psychoanalytisch-pädagogischen Bemühen getragen, zunächst Unverständliches verstehen zu lernen. Dazu gehört sowohl die Beschäftigung mit entwicklungsbedingten Gewalt- und Angstthemen bei Kindern und Jugendlichen als auch die Auseinandersetzung mit den Problemen der erwachsenen Sichtweise von Macht, Angst und Gewalt. Im ersten Kapitel untersuche ich zunächst, welche Probleme aus Gewaltverhältnissen zwischen Kindern und Erwachsenen entstehen und welche Anforderungen mißhandelte Kinder an Pädagogen stellen („Die Rache der Gequälten“). Im zweiten Abschnitt gehe ich auf einige Bedingungen struktureller Gewalt, also institutioneller Beziehungsverhältnisse zwischen Kindern und Erwachsenen im Vergleich zur familiären Erziehung ein („Familienerziehung – institutionelle Erziehung“). Dem Zusammenhang zwischen Angst, Zuneigung und Wut nähere ich mich im dritten Teil auf der Ebene, die den erwachsenen Lesern wahrscheinlich besonders zugänglich ist, nämlich auf der Ebene der Partnerprobleme („Liebe ohne Aggression?“).

Das zweite Kapitel ist den Macht- und Gewalt*phantasien* gewidmet. Es beginnt mit grundsätzlichen Bemerkungen zum Phantasiebegriff, um die Bedeutung von Gewaltphantasien genauer einschätzen zu können („Phantasie und Realität“). Die weiteren Aufsätze beschäftigen sich mit Gewaltphantasien in verschiedenen Altersstufen und zu verschiedenen Themen, die in den letzten Jahren Erzieher mehr oder weniger stark beschäftigt haben: die Masters-Figuren („He-Man, Skeletor und die Herren des Universums“), „Videokriegsspiele“ und „Horror- und Gewaltvideos“. In diesen Beiträgen diskutiere ich die entwicklungsbedingte Problematik von Gewaltphantasien.

Das dritte Kapitel handelt von Konzepten der Friedenserziehung, von der man sich aktive Hilfe gegen Macht- und Gewalttendenzen bei Kindern erhofft. In einem grundsätzlichen Beitrag zu „Kriegsängsten bei Kindern“ versuche ich, Zusammenhänge zwischen Kriegsphantasien und Trennungserfahrungen aufzuzeigen. Anschließend stelle ich friedenspädagogisch bedeutsame Situationen im Kindergarten

(„Vertragen und nicht schlagen") und Möglichkeiten der „Friedenserziehung in der Grundschule" vor. Welche Bedeutung das „Spiel in der Friedenserziehung" hat, diskutiere ich im letzten Aufsatz dieses Kapitels.

Der letzte Teil des Buches stellt den Erzieher in den Mittelpunkt. In seiner Person liegen die Möglichkeiten, menschliche Beziehungen als Modell gewaltfreien Verhaltens zu gestalten. Mit welchen Schwierigkeiten dies verknüpft ist, soll im ersten Aufsatz („Kinder in uns und um uns") verdeutlicht werden. Danach zeige ich eine Möglichkeit auf, wie man in Fortbildungsseminaren an Macht- und Gewaltphantasien von Pädagogen arbeiten kann („Lehrerautorität"). Der dritte Bezug lenkt am Beispiel einer pädagogischen Gesamtkonferenz eines Gymnasiums den Blick auf das Hier-und-Jetzt einer pädagogischen Situation („Angst in der Schule").

Die Anregung, pädagogische Verhältnisse unter dem Gesichtspunkt des Verstehens und ihrer Prozeßhaftigkeit zu betrachten, verdanke ich in erster Linie Aloys Leber, Ulrike Reich-Büttner und Hans-Georg Trescher. Ihnen und meinen Kollegen aus dem Frankfurter Arbeitskreis für Psychoanalytische Pädagogik e. V. bin mit diesem Buch verpflichtet.[5]

1. Erfahrene Gewalt

Die Rache der Gequälten

„Vor dem Frankfurter Landgericht begann am Dienstag der Prozeß gegen den 51 Jahre alten Richter, der des sexuellen Mißbrauchs von Kindern angeklagt ist. Der inzwischen vom Dienst suspendierte Strafjurist soll über einen Zeitraum von drei Jahren zu insgesamt acht Mädchen im Alter von 8 bis 13 Jahren intime Beziehungen gehabt haben. So weit in dem mehrtägigen Prozeß ‚schutzwürdige Interessen' der Kinder berührt werden, wurde die Öffentlichkeit ausgeschlossen."[1]

Diese Meldung, wie man sie in dieser oder ähnlicher Art fast täglich in irgendeiner Zeitung finden kann, provoziert Entrüstung. Dabei ist das, was man über Gewalt gegen Kinder durch nächste Angehörige weiß, weitaus erschütternder als der geschilderte Sachverhalt einer Vergewaltigung durch den „fremden Onkel". Über das dazu bereits Veröffentlichte hinaus möchte ich mich im folgenden mit drei Punkten etwas genauer befassen, die in den Affekten um das Thema häufig untergehen: Gewalt als ein Stück normalen Familienlebens, das Subjektive am Gewaltbegriff und Herausforderungen, die mißhandelte Kinder an Pädagogen stellen.[2]

Die Spitze des Eisbergs

Sind die Fälle von Kindesmißhandlungen, die ans Licht der Öffentlichkeit dringen, Einzelfälle oder muß man tatsächlich von einer Dunkelziffer ausgehen, die ganz erheblich höher liegt? Gibt es Gewalt gegen Kinder nur in einem ganz bestimmten ökonomischen Milieu oder kann sie auch in den besten Familien vorkommen? Sind es fremde Menschen, die Kinder vergewaltigen und mißhandeln, oder sind nicht mehr oder weniger alle Kinder in ihren eigenen

Familien von Gewalt und Mißhandlung betroffen? Ist also Gewalt nicht eine Grundbedingung familiären Lebens?

Der Blick zurück in die Geschichte zeigt, daß Gewalt gegen Kinder, verstanden als physische Verletzung, ja sogar Tötung, in früheren Epochen nicht nur eine nicht ungewöhnliche Form der Beziehungskultur war, sondern geradezu zum „normalen" Umgang mit Kindern gehörte. So manche von Psychohistorikern zusammengetragenen Berichte über Erfahrungen, die Kinder mit ihren nächsten Angehörigen machen mußten, mögen auf aufgeklärte Menschen wie Stücke aus einem Gruselkabinett wirken. So berichtet beispielsweise Lloyd de Mause: „Die in der Vergangenheit für das Wickeln angeführten Gründe sind dieselben wie die, die man heute in Osteuropa angibt: Das Baby muß gewickelt und angebunden werden, weil es sich sonst die Ohren abreißt, die Augen auskratzt, die Beine bricht oder seine Genitalien berührt. Wie wir in dem Abschnitt über Wickeln und andere Einschränkungen der kindlichen Freiheit sehen werden, gehört dazu oft, daß die Kinder in alle möglichen Arten von Korsetts gesteckt werden, an Geradehaltern, Rückenbrettern oder Gängelbändern und sogar an Stühlen festgebunden werden, um zu verhindern, daß sie ‚wie Tiere' auf dem Boden herumkriechen."[3]

Lloyd de Mause kommt zu der nicht unumstrittenen Auffassung, daß sich die Verhältnisse für Kinder im Laufe der Geschichte verbessert haben.[4] Ob dies nun wirklich so ist oder nicht, hängt in der Beurteilung ganz entschieden davon ab, ob man – von außen betrachtet – ein bestimmtes Verhalten gegenüber Kindern als „völlig normal" empfindet, obwohl es vielleicht aus der Perspektive des Kindes ausgesprochen gewaltförmig erlebt wird. Dazu werde ich mich später noch eingehender äußern. Im Zusammenhang mit der Frage der „Normalität" von Gewalterfahrung besteht ein besonderes Problem, das im praktischen Kinderschutz auch heute noch ungelöst ist: Wie können Eltern, die in ihrer Kindheit Gewalt von seiten ihrer Eltern erleiden mußten oder in gewaltförmigen Verhältnissen leben, ihre eigenen Kinder weniger gewaltvoll erziehen? Geht das überhaupt? Oder historisch ausgedrückt: Wie kann sich eine ganze Generation, die sich in Gewaltprozesse verstrickt hat oder in solche verstrickt worden ist, von diesen Erfahrungen frei machen, um ihren Kindern ein Aufwachsen in Gewaltlosigkeit zu ermöglichen? Der

Psychiater Chaim F. Shatan ist in dieser Frage eher pessimistisch. Er vertritt am Beispiel der von Menschen gemachten Katastrophen wie z. B. Kriegen die Auffassung, daß sich die Gewalt- und Zerstörungserfahrungen selbst dann an die Kinder weitervermitteln, wenn ihre Eltern sie nicht einmal offen mißhandeln. Dies hat er am Beispiel von Familien von Vietnam-Veteranen zu zeigen versucht.[5]

Daß Gewalt gegen Kinder etwas durchaus Alltägliches darstellt und nicht nur in individuellen Schicksalen, sondern in Schicksalen von Gruppen, ja sogar Gesellschaften zu Katastrophen führen kann, ist auch von anderer Seite eindrucksvoll belegt worden. Die radikalste Vertreterin dieser Position ist Alice Miller.[6] Sie glaubt, daß Erziehung zwangsläufig zu Traumatisierungen, d. h. zu Verletzungen durch Gewaltanwendung physischer und psychischer Art führen muß und beruft sich auf ihre Erfahrungen als psychoanalytische Therapeutin. An ihren Thesen hat sich ein heftiger Streit in der Psychoanalyse darüber entzündet, ob das Leiden von Erwachsenen seine Ursache in einem tragischen, naturbedingten Triebschicksal hat (und damit die Eltern aus der schuldhaften Verantwortung nimmt), oder ob es von frühen und frühesten Verletzungen herrührt, deren gravierendste Formen den Tod eines Kindes herbeiführen können und deren vielleicht „harmlosere" Formen im allgemeinen als gerechtfertigte Erziehungsmaßnahme gelten.[7] Die außerordentlich verbreitete Aufregung in diesem Streit ist ein Hinweis darauf, wieviele Menschen sich betroffen fühlen.

Mir haben Schläge auch nichts geschadet

Ich möchte auf ein weiter vorne bereits angerissenes Problem zurückkommen. Was der eine für einen gewaltsamen Akt gegen ein Kind hält, kann dem anderen als durchaus sinnvolle Erziehungsmaßnahme erscheinen. Einsichtigen Zielen lassen sich beide Beurteilungen zuordnen: dem, Kinder an Widerständen stark werden zu lassen und dem, Kinder vor Verletzungen zu schützen. Wann aber ist ein Widerstand zu klein, um daran kräftig zu werden? Und wann besteht wirklich Verletzungsgefahr? So schreit z. B. die eine Erzieherin auf, wenn sie zwei Jungen sich balgen sieht: „Hört auf, ihr verletzt euch!" Die andere Erzieherin: „Laß sie doch, die wollen doch nur feststellen, wer der Stärkere ist." Die eine Erzieherin nimmt in ihrer Phantasie das Schlimmste, die Katastrophe vorweg, während die andere den Gewalthandlungen in der selben Szene einen positiven Sinn unterstellt.

Die Phantasien, die man beim Thema Gewalt gegen Kinder entwickeln kann, können also außerordentlich unterschiedlich sein. Auf jeden Fall sind sie für die meisten „sensiblen" Menschen äußerst unangenehm (fühlen sie sich vom Schlag gegen das Kind getroffen?). Und doch sind solche Formen von körperlicher Mißhandlung nicht weniger schlimm als die, die sich hinter der Fassade einer normalen, anständigen Familie verbergen. Nur aus Selbstzeugnissen von Betroffenen kann man überhaupt ermessen, was dabei Gewalt für Kinder ist und wie sie erlebt wird. So kann eine Ohrfeige für das eine Kind etwas Normales, Gewohntes sein, mit dem es sich längst eingerichtet hat, während für das andere Kind die adrett um den Eßtisch sitzende Familie die Hölle ist.

Fritz Zorn hat in seinem autobiographischen Bericht „Mars" einen tiefen Einblick in diese Hölle gegeben: „Ich bin jung und reich und gebildet; und ich bin unglücklich, neurotisch und allein. Ich stamme aus einer der allerbesten Familien des rechten Zürichsee-Ufers, das man auch die Goldküste nennt. Ich bin bürgerlich erzogen worden und mein ganzes Leben lang brav gewesen. Meine Familie ist ziemlich degeneriert, und ich bin vermutlich auch ziemlich erblich belastet und milieugeschädigt. Natürlich habe ich auch Krebs, wie aus dem Vorhergesagten eigentlich selbstverständlich hervorgeht. Mit dem Krebs hat es nun aber eine doppelte Bewandtnis: Einerseits ist er eine körperliche Krankheit, an der ich mit einiger Wahrscheinlichkeit in nächster Zeit sterben werde, die ich vielleicht aber auch überwinden und überleben kann; andererseits ist er eine seelische Krankheit, vor der ich nur sagen kann, es sei ein Glück, daß sie endlich ausgebrochen ist. Ich meine damit, daß es bei allem, was ich von zuhause auf meinem unerfreulichen Lebensweg mitbekommen habe, das bei weitem Gescheiteste gewesen ist, was ich je in meinem Leben getan habe, daß ich Krebs bekommen habe..."[8]

Von innen betrachtet liegen die Dinge also häufig ganz anders, als sie von außen erscheinen. Damit meine ich nicht etwa, daß die gewohnte Ohrfeige keine beklagenswerte Erfahrung für ein Kind sei, sondern vielmehr, daß Gewalthandlungen gegen Kinder eigentlich weniger der sichtbare Schlag, die aktue Verletzung oder eine sadistische Quälerei ausmachen, sondern daß diese tatsächlich nur die Spitze des Eisbergs darstellen. Unterhalb der Wasserlinie liegt der alltägliche Kleinkrieg zwischen Eltern und Kindern, der – in abweisender oder anbindender Grundhaltung – in der Summe der täglichen Kränkungen, Demütigungen und Entwertungen nach und nach ein Bewußtsein herstellt, dem diese Erfahrungen mehr und mehr verschlossen bleiben.[9] Irgendwann geben Kinder ihre Hoffnung auf Liebe ohne Gewalt auf und verschieben sie auf andere Dinge.

Unter der Wasserlinie bleiben auch Hoffnungen und Vergeltungswünsche treibende Motive, u. U. bis ins hohe Alter.[10] So heißt es in einem psychiatrischen Gutachten über den 51jährigen Richter, der kleine Mädchen sexuell mißhandelte, daß er bis zum Ende seiner ersten Ehe in der Lage gewesen sei, die schroff gegeneinanderlaufenden Tendenzen seiner Persönlichkeit auszubalancieren: „Nach dem Scheitern der Beziehung, in der ihn die Frau wie ‚eine starke Mutter' getragen habe, aber sei deutlich geworden, in welchem Maße der Angeklagte unselbständig geblieben war. Einziges Kind, sei er von seiner übermächtigen Mutter ‚niemals aus deren Fittichen entlassen worden'. Als ‚Göttin idealisiert' konnte dem Gutachten zufolge die zweite, um 25 Jahre jüngere Partnerin den einerseits anspruchsvollen, andererseits ängstlichen Vorstellungen des Angeklagten von Sexualität, Erotik und Sinnlichkeit jedoch nicht entsprechen..."[11]

Irgendwann ist also die Kindheit vorbei, wird ad acta gelegt, nur die „Kranken" schaffen es schließlich etwa in einer Psychotherapie, sie in der schmerzhaften Wiederbelebung zu bewältigen und ihre Folgen – soweit es geht – abzuschütteln.[12] Und die „Gesunden"? Die Mehrheit von ihnen läßt ein gigantisches Vernichtungsmaterial anhäufen, bereit, der Welt einen heißen Tod zu bescheren.

Liebe Kinder böser Eltern

Die meisten Eltern stehen Vorwürfen ihrer Kinder über Mißhandlungen gleich welcher Art häufig verständnislos gegenüber. Ob sie ihre Erziehungsmaßnahmen für richtig hielten oder die Verhältnisse für ihr Verhalten gegenüber den Kindern verantwortlich machen, sie weigern sich hartnäckig, die gesamte Last der kindlichen Vergeltungsphantasien auf sich zu nehmen. Meist jedoch kommt der Vorwurf gegen die Eltern aus einer innerlichen kindlichen Position, die die Lebensverhältnisse der Eltern nicht zu begreifen bereit ist. Als dritter auf die Beziehungen von Eltern und Kindern zu schauen erfordert also Abstand zu dem Kind, daß man selbst einst war.[13]

Wenn man Gewalthandlungen gegen Kinder nicht isoliert betrachtet, sondern die entsprechenden Familiengeschichten als vorläufigen Endpunkt einer Abfolge von lebensgeschichtlich bedeutsamen Erfahrungen zu verstehen versucht, dann kann man vielleicht erahnen, daß Liebe und Gewalt gleichermaßen den einzelnen mit „Zeichen" auf seinem Lebensweg konfrontieren, an denen er etwas begreifen kann. Man lernt ihre Bedeutung für die Balance zwischen Fremdbestimmung und Selbstverantwortung zu erkennen bzw. „richtig" darauf zu reagieren. Jeder, der sich einmischt, etwa um Gewalt von einem Kind abzuwenden, sollte sich deshalb überlegen, welche Rolle und Verantwortung er in den Verhältnissen dieses Kindes eigentlich übernehmen kann und will. Wie ist diese etwas abstrakt anmutende Aufforderung zu verstehen? Was könnte sich aus ihr quasi handlungspraktisch bei Gewalt in der Familie oder Kindesmißhandlungen ableiten lassen?

Das Beste für's Kind

Nehmen wir folgende, nicht untypische Situation: Die Lehrerin des etwa neunjährigen Tobias hat ganz zufällig festgestellt, daß er zu Hause offensichtlich häufig blutig geschlagen wird. Eines Tages nämlich entdeckt sie auf seinem Rücken vernarbte Striemen, die sich nach Befragung als Spuren von Schlägen mit einem Ledergürtel erweisen. Aus Tobias, dem „bösen" Störenfried in der Klasse, wird so für die Lehrerin plötzlich das „arme" Kind, für das man doch unbedingt etwas tun müsse. Sie setzt sich also umgehend mit dem zuständigen Sozialarbeiter einer Projektgruppe in Verbindung, die im Wohngebiet von Tobias' Familie für die soziale Versorgung sowie die Betreuung von Problemfällen zuständig ist. Diese Projektgruppe wird von der Stadt finanziert und untersteht dem Jugendamt.

Tobias' Probleme sind dem Sozialarbeiter schon seit langem bekannt. Er ist darüber hinaus in einen Streit mit einem Sachbearbeiter des Jugendamtes verwickelt, ob es für Tobias besser sei, ihn in ein Heim zu geben, statt in den – wie es der Sachbearbeiter beurteilt – vergeblichen Bemühungen steckenzubleiben, die häusliche Situation für Tobias erträglicher zu machen: ein arbeitsloser, alkoholabhängiger Vater; eine Mutter, selbst Kind aus zerrütteten Verhältnissen, die mehrere voreheliche Kinder in die Familie gebracht hat; eine Wohnung, die auf schwerste Verwahrlosung schließen läßt; kurz, eine typische Randgruppenfamilie. Durch den Kontakt der Lehrerin zum Sozialarbeiter wird der Konflikt zwischen dem Sachbearbeiter des Jugendamtes und dem Sozialarbeiter erneut verschärft. Was soll man tun? Tobias ist ja schließlich nicht das einzige Kind, bei dem die mit ihm beschäftigten Erwachsenen um eine Entscheidung ringen.

In seinem Fall setzt sich der Sachbearbeiter im Jugendamt durch. Tobias kommt in ein Heim, während der Sozialarbeiter etwa ein halbes Jahr nach dieser Entscheidung die Projektgruppe verläßt. Die Familie, die an ihrem „roten Lebensfaden" weiterwurschtelt, bekommt es mit einem neuen Sozialarbeiter zu tun, und Tobias ist erst einmal aus dem Blickfeld. Es wird – und auch dies ist typisch – nicht bei dem einzigen Heim bleiben, in das Tobias eingewiesen worden ist.[14] Und es wird nicht der letzte Wechsel von einer Bezugsperson zur anderen sein, den Tobias kurz nach seiner Heimeinweisung deshalb erlebt, weil drei Wochen später der für ihn verantwortliche Erzieher entlassen werden muß. Angeblich soll er Kinder seiner Gruppe geschlagen haben, was wegen einer Indiskretion in die örtliche Presse kam und die Heimleitung zu der entsprechenden Reaktion zwang.

Ich habe mit Absicht ein so „hartes" Beispiel gewählt, weil sich daran zwei Punkte besonders deutlich aufzeigen lassen. Einmal ist mit der Überweisung des Kindes oder schon vorher mit einzelnen Versuchen, die Eltern pädagogisch unter Druck zu setzen, sein Problem nicht gelöst (obwohl es nun für die aus den Augen verschwunden ist, die es so sehr erschreckt hat). Zum anderen hat sich an den Zusammenhängen, die zu dieser Entscheidung geführt haben, nichts Wesentliches hin zu einer Entspannung geändert. Im Gegenteil: Die Familie mußte mit der Wegnahme ihres Kindes eine vielleicht noch größere Ohnmachtserfahrung hinnehmen als die, daß im Sozialamt über auch noch die kleinsten Dinge ihres alltäglichen Lebens entschieden wird. Und Tobias mußte erneut die Erfahrung des Fallen-gelassen-Seins machen, obwohl offen ist, ob es ihm geholfen hätte, wenn er in der Familie geblieben wäre.

An dieser Stelle liegt es natürlich sehr nahe, Lösungen in einer umfassenden Änderung des Lebensraumes zu suchen. Ich möchte Überlegungen dazu nicht von der Hand weisen, aber doch erst einmal darüber nachdenken, was denn notwendig wäre, um der Familie und Tobias so zu helfen, daß sie sich aus eigener Kraft zu weniger schmerzhaften sozialen Verhaltensweisen fortbewegen kann. Ich gehe allerdings von der Auffassung aus, daß der Impuls und die Kraft für diese Fortbewegung aus der Familie selbst kommen muß, um die Innenverhältnisse wirklich zu verändern.

Soziale Verantwortung anders herum

Versuche, Problemfamilien von innen heraus zu helfen, sind vor allem mit familientherapeutischen Ansätzen gemacht worden. Der wahrscheinlich konsequenteste Ansatz ist die Mehrgenerationen-Familientherapie, in der man davon ausgeht, daß einer Problemfamilie nur dann geholfen werden kann, wenn alle an der Entstehung und Entwicklung ihres Problems beteiligten Familienmitglieder in den Veränderungsprozeß einbezogen werden.[15] Dazu ist unabdingbare Voraussetzung, daß alle Angehörigen, selbst Großeltern, an der therapeutischen Arbeit teilnehmen. Dies sieht zwar zunächst wie eine außerordentlich harte und kaum zu erfüllende Forderung aus, ist aber wohl der konsequenteste Prüfstein dafür, ob tatsächlich eine Veränderung gewünscht wird. Ich will hier nicht weiter auf Ansätze eingehen, Familien oder gar soziale Gruppen zu verändern, sondern am Beispiel von Tobias aufzeigen, welche Anforderungen schon bei der Veränderung eines einzelnen Kindes bestehen und welche Professionalität und soziale Verantwortung sie voraussetzen.

Man kann sich leicht vorstellen, wie es in Tobias aussieht: Voller Rachegefühle gegen seine nähere Umgebung (Familie) und voller Destruktionsphantasien gegenüber Institutionen (Schule, Heim) stellt er für jeden Erwachsenen, der es mit ihm zu tun bekommt, eine außerordentliche Herausforderung dar. Gegenüber seiner Vergangenheit wird man zwar Mitleid aufbringen können, und in der Gegenwart wird man ihm bezüglich seines Verhaltens auch gerne einen Kredit einräumen. Für die Zukunft aber gilt als festgelegt, wie er möglichst schnell werden soll. Und genau hier fangen die Prüfungen an, die Tobias seiner Umwelt auferlegt. Neun Jahre Mißhandlung haben ihn zu jemandem werden lassen, der keine gute Erwartung an andere Menschen hat. Zu dem, was an archaischen Wut- und Rachegefühlen als Antwort auf früheste Kränkungen aus ihm herausdrängt, kommt eine in seine Seele eingegrabene Struktur hinzu, die ihn immer wieder neu zu „testen" zwingt, ob sein Mißtrauen berechtigt ist. Mit anderen Worten: Er wird jeden Erwachsenen seiner Umgebung an den Punkt locken, an dem ihm seine bisherigen enttäuschenden (Gewalt-)Erfahrungen bestätigt werden. Das müssen nicht immer so spektakuläre Erwartungen wie Schläge oder das Verstoßen-Werden sein. Es kann sich auch in so unscheinbaren, aber dennoch ungeheuer nervenden Kleinigkeiten abspielen, wie sie der Sonderschullehrer Jürg Jegge beschreibt: „Oft ... wählen viele Schüler diese Möglichkeit, den Lehrer zu provozieren: Sie verweigern das Lernen. Dies tun sie dann meist sehr demonstrativ: Sie zerstören ihre beinahe fertigen Arbeiten, verweigern jede Mitarbeit: ‚Es ist sowieso alles ein fertiger Mist.'"[16] Während man hier spürt, wie sehr das geschlagene Selbstwertgefühl eines Kindes der dauerhaften Aufwertung bedarf, sind Wutausbrüche jedoch kaum in einen verständlichen Zusammenhang zu bringen, wenn sie auf die doch so gutgemeinte Hilfsbereitschaft eines Erwachsenen folgen.[17]

Viel schwieriger nämlich, als die Selbstdestruktion eines Kindes auszuhalten, ist die Aggression zu ertragen, die z.B. auch Tobias nach außen bringt. Wer wäre schon in der Lage, das Resultat neun Jahre erlebter Gefühle von Wut und Haß in allen Stadien körperlich-seeltischer Entwicklung zu ertragen, also archaische genauso wie hochdifferenzierte Haßgefühle? Und wer könnte sich schon in allen Einzelheiten den „Fallen" entziehen, die Tobias zur Prüfung aufstellt, ob der ihm gegenüberstehende Erwachsene die Kraft hat, ihn zu halten? Gerade dies aber wäre eine notwendige Voraussetzung, Tobias korrigierende Erfahrungen zu ermöglichen, nämlich einerseits, daß sich wirklich jemand um ihn, der so schlimm ist, kümmert und daraus folgend andererseits, daß aus dieser Beziehung das erste Stückchen Stärke erwächst, mit den in ihm hochdränenden Gefühlen selbst fertigzuwerden. Regina Clos formuliert diese Aufgabe in ihrem Buch „Delinquenz – ein Zeichen von Hoffnung" so: „Grenzen zu setzen und Stabilität zu garantieren bedeutet für Kinder, die Funktion eines ‚Hilfs-Ich‘ dort wahrzunehmen, wo die Organisation von Ich und Selbst des Kindes noch nicht ausreichend entwickelt ist. Nur in einer solchen Beziehung kann ein Kind tatsächlich stark und lebendig sein und das, was zunächst äußere Stabilität war, als innere Stabilität entwickeln. Dadurch gelingt es dem Kind, die haltende Umwelt zu introjizieren. Seine so wachsende Selbständigkeit macht dann äußere Kontrolle zunächst überflüssig.“[18]

Aus der psychoanalytisch orientierten Arbeit mit Randgruppenkindern ist seit langem bekannt, welche Verantwortung eingegangen und welche Voraussetzung erfüllt sein muß, damit Kindern geholfen werden kann, die extreme Formen familiärer Gewalt erfahren haben. Regina Clos schildert anschaulich, auf was man sich bei Hilfen für mißhandelte Kinder einlassen muß: „Sie können nur an jemandem wachsen, von dem sie annehmen können, daß er über die Angst vor der eigenen Destruktivität und vor der Aggressivität anderer hinweg ist. Hat er dies nicht bewältigt, so ist er auch nicht geeignet, Schutz zu bieten. Die Angst der Jugendlichen und damit die Notwendigkeit, an anderer Stelle verstärkt an die Umwelt zu appellieren, wird immer größer, je öfter die Erfahrung des ‚Fallen-Gelassen-Werdens‘ gemacht wird. So entsteht ein Wiederholungszwang, dessen unselige Dynamik immer schwerer zu durchbrechen ist. Es ist jedoch zu bedenken, wie ungeheuer schwer es ist, tatsächlich keine Angst mehr zu haben vor der eigenen Wut und vor den oft gefährlichen und bedrohlichen Machtdemonstrationen solcher Kinder und Jugendlichen. Es ist oft unmöglich, diesem Anspruch gerecht zu werden und es bleibt dann nichts anderes mehr übrig, als Hilfe zu holen und damit zunächst partiell die Übernahme von Hilfs-Ich-Funktionen aufzukündigen. Als Beispiel hierfür kann folgendes gelten: Im Verlaufe eines sehr vehementen Konfliktes während eines Zeltlagers war Susanne ‚außer sich vor Wut‘. Die Betreuer hatten sie aus nichtigem Anlaß zurechtgewiesen, woraufhin Susanne sehr gekränkt und wütend war. Unsere gedankenlose Zurechtweisung berührte offenbar frühe Erfahrungen der Kränkung und Wut. Susanne versucht daraufhin, ihre Selbstachtung wiederherzustellen, indem sie uns durch enorme Aggression mehrere Stunden lang in Atem hielt. Sie hieb z. B. mit aller Kraft eine große Axt einen halben Meter hinter meinem Rücken in den Boden. Ich wußte, daß ich in dieser Situation gemeint war, und ich wußte auch, daß ich keine Angst zeigen durfte, ruhig am Lagerfeuer sitzenbleiben mußte, um die Situation nicht noch zu verschlimmern – aber ich hatte große Angst...“[19]

Aus letzterem kann man vielleicht schließen, welche Herausforderungen in der Beschäftigung mit mehreren Kindern oder gar ganzen Familien herrschen, vielleicht aber auch, welche „wirkliche“ Verantwortung man übernimmt, wenn man sich mit Opfern und zugleich Tätern familiärer Gewalt beschäftigt. Neben einer Fähigkeit, Empathie gegenüber Gefühlen von Wut und Haß zu entwickeln, gehört dazu sicherlich die Einschätzung der eigenen Stärke (und der Hilfsmöglichkeiten), alle Prüfungen durchzustehen. Es leuchtet sofort ein, daß – selbst wenn beides vorhanden sein sollte – dies nur geht, wenn man selbst in haltende soziale Beziehungen eingebettet ist, d. h. wenn man selbst in Phasen von Hilflosigkeit und Wut ein Hilfs-Ich zur Verfügung hat.

Familienerziehung – Institutionelle Erziehung

Was macht es für Eltern und Erzieherinnen häufig so schwer, über unterschiedliche Erziehungsvorstellungen miteinander ins Gespräch zu kommen? Kann eine Grundschullehrerin für das störende Verhalten eines Kindes in der Klasse der „falschen" Erziehung zuhause allein die „Schuld" daran geben? Wo kommen solche unterschiedlichen Vorstellungen überhaupt her und was könnten sie für die Erzieherin/Lehrerin als Frau bedeuten?

Zu diesen Fragen wurde ich angeregt durch die Klage einer Erzieherin über einen Jungen, der nach einer Schlägerei mit einem anderen Kind behauptete, seine Mutter habe ihm die schlagkräftige Durchsetzung seiner Interessen in der Kindergruppe angeraten. Vermutlich ist jedem sofort einsichtig, daß Mütter sich starke und durchsetzungsfähige Söhne wünschen, daß andererseits Erzieherinnen die Verantwortung für eine Gruppe von Kindern haben, d. h. für eine Balance der Einzelinteressen in der Gruppe sorgen müssen.

Hinter dieser einfachen Szene steckt aber die generelle Frage, ob familiäre und institutionelle Erziehung überhaupt vereinbar sind. Allgemeiner ausgedrückt geht es um das Problem des Verhältnisses zwischen Familie und Kultur, d. h. kulturellen Institutionen. Unter Kultur verstehe ich hier einen über die Menschen ablaufenden Prozeß, der u. a. immer mehr Individuen in Abhängigkeit voneinander bringt und sowohl immer neue Vergesellschaftungsformen, etwa als Institutionen, als auch neue universalistische Symbolsysteme hervorbringt.[1] Weshalb weder die familiären Erwartungen an die Institutionen Kindergarten/Schule noch die institutionellen Erwartungen an die Familie ohne weiteres durchzusetzen sind und weshalb es so schwierig ist, ein familiäres Klima in Institutionen zu etablieren, möchte ich im folgenden genauer untersuchen. Ich beginne zunächst mit einigen Aspekten der familiären Erziehung.

Ob und welche Vorstellungen Eltern vom „richtigen“ Verhalten ihrer Kinder *innerhalb* der Familie entwickeln, hängt davon ab, was ein Kind für sie, etwa für ihre Beziehung, bedeutet, und welche Erfahrungen sie als Kinder mit ihren eigenen Familien gemacht haben. Von den Kindern wird zumeist eine Anpassung an die Vorstellungen ihrer Eltern erwartet, selbst wenn diese Erwartung im Widerspruch zu dem *außerhalb* der Familie erwarteten Verhalten steht. So ist z. B. in der Familie die schlagkräftige Durchsetzung von Einzelinteressen ja nicht unbedingt ein wünschenswertes Verhalten, vor allem nicht von Kindern gegenüber ihren Eltern.

Die für die Außenwelt wünschenswerten Eigenschaften ihres Kindes bestimmen sich für Eltern in erster Linie danach, was sie als Außenwelt wahrnehmen und welche Position sie darin haben. Eltern aus einem Mittelschicht-Milieu haben z. B. andere soziale Lernziele als Arbeitereltern. Indem die Eltern ihr Kind nach „draußen“ schicken, können sie die verständliche Sorge haben, ob und wie es sich mit seiner Person in allen möglichen zu erwartenden Auseinandersetzungen bewährt. Sie versuchen meist, es nach besten Kräften zu unterstützen, begleiten es notfalls mit ihrer eigenen Person und werden umso besorgter sein, je „feindlicher“ die Verhältnisse draußen sind oder je feindseliger sie diese wahrnehmen – was sie leider nicht daran hindert, *in* der Familie manchmal kräftig draufzuschlagen. So kommt es häufig zu dem scheinbaren Paradox, daß besonders mißhandelnde Mütter gegenüber Erzieherinnen/Lehrerinnen zu unerträglichen Verteidigern ihrer Kinder werden können, während Väter Lehrern häufig raten, kräftig durchzugreifen.

Es sind zwar nicht allein Einzelkämpfervorstellungen, die Eltern für ihre Kinder entwickeln. Dennoch kann man heute häufig beobachten, wie Eltern bereits im Kindergarten über die zu erwartende Konkurrenz angesichts eingeschränkter beruflicher Zukunftsaussichten nachdenken. Und selbst wenn in der Familienerziehung auf kooperatives und tolerantes Verhalten Wert gelegt wird, so bleibt doch in erster Linie die Hoffnung, das eigene Kind möge einen der begehrten Plätze im Leben ergattern.

Diese Wahrnehmung der für das „Leben“ wünschenswerten Erziehungsziele ergibt sich aus der Beziehungsstruktur, die in unserer

Gesellschaft für das Arbeiten und Leben gefordert wird, und dem entsprechenden Wertsystem. Da Kooperation und Solidarität meist für die (privaten) Interessen anderer verlangt werden (selten geht es großen Unternehmen besser als in Zeiten sozialer Not!), ansonsten eher eine mit einem sportlichen Wettkampf vergleichbare Konkurrenz herrscht (wobei man nie sicher sein kann, ob sich der Gegner fairer Mittel bedient), kann auch die sozialste Familienerziehung nicht an der Tatsache vorbei, daß das Scheitern des fremden Kindes das Glück des eigenen Kindes bedeutet.[2]

Dieses Grundprinzip wird vielleicht noch nicht im Kindergarten, spätestens aber in der Schule deutlich sichtbar, wenn die Note in einer Klassenarbeit für den einzelnen nicht mehr unbedingt mit seiner Leistungs*fähigkeit,* sondern mit dem sogenannten Klassenspiegel in Beziehung gesetzt wird. Neben der Förderung individueller Begabungen findet hier nämlich in erster Linie eine Selektion statt, der noch viele weitaus gravierendere folgen sollen.

Schule und Kindergarten befinden sich in einem ganz ähnlichen Spannungsverhältnis zur Familie, obwol zwei *verschiedene* Beziehungsaspekte angesprochen werden. War die Familie im Kindergarten mit Erzieherinnen konfrontiert, also eher dem weiblichen Beziehungsaspekt der Bemutterung, und war die Folge die Spannung zwischen zwei „Müttern", so begegnet die Familie in der Schule mit den Lehrern umso mehr dem männlichen Beziehungsaspekt, je älter ihr Kind wird.[3] Während im Kindergarten noch die optimale Versorgung und die inhaltliche Gestaltung der Beziehungen im Vordergrund stehen, geht es in der Schule um Anpassung und Bewertung, um abstrakte Leistung und Bewährung, d. h. die formale Gestaltung von Beziehungen. Diesem eher männlichen Beziehungsaspekt entspricht die Bevorzugung männlicher Werte in einer patriarchalisch strukturierten Gesellschaft: Mit zunehmendem Alter der Kinder werden die entsprechenden Pädagogen besser bezahlt (eine Erzieherin verdient etwa BAT6, eine Grundschullehrerin A12, entspr. BATIII und ein Oberstudienrat A14–15, entspr. BATI), d.h. die Erziehungs- und Bildungsbemühungen werden entsprechend höher bewertet. Den Schluß in dieser Skala stellt die auch zugleich abstrakteste Leistungsstufe dar, der akademische Grad (dem man in unserer Gesellschaft den höchsten kulturellen Wert beimißt).

Mütterliche Vorstellungen von Erziehung und institutionelle

(„väterliche") Anforderungen der intellektuellen Förderung und Selektion prallen besonders hart in der Grundschule aufeinander. Die Möglichkeit, in den ersten zwei Grundschulklassen auf Schulnoten zu verzichten und statt dessen personenbezogene allgemeine Leistungsbeurteilungen zu geben, ist zwar ein Anfang, die zwangsläufige Differenzierung im Schulsystem auf persönliche Beziehungsverhältnisse hin zu verändern. Sie schützt jedoch nicht vor den inneren Zweifeln, ob man ein Kind damit auf nachfolgende institutionelle (Selektions-)Anforderungen hinreichend vorbereitet hat.

Den Konflikt zwischen mütterlich-familiären und im Gegensatz dazu schulischen Aspekten von Erziehung schildert eine Lehrerin anhand eines Vorfalls in einer 2. Grundschulklasse: „Nach der großen Pause will ich mit den Kindern Mirabellenblüten ansehen und ihnen den Vorgang von der Blüte zur Frucht erklären. Wir sitzen im Kreis. Marek hat schon wieder einen jungen Vogel gefunden und mit in die Klasse gebracht. Er hat ihn unter seinen Pullover gesteckt. Unruhe, Aufregung! Also reden wir erst einmal über junge Vögel und ihre Angewohnheiten und Bedürfnisse. Nun soll Marek den Vogel zurücktragen. Aber das will er auf keinen Fall, er will ihn mit heimnehmen und in einen Käfig tun. Es ist *sein* Vogel. Der Vogel flattert und piepst, und plötzlich hopst er von Mareks Schoß und flattert hilflos in eine Ecke. Alle Kinder springen auf, rasen hinter dem Vogel her, wollen ihn fangen. Stühle kippen, Geschrei – wie ein Alptraum. Da nehme ich ein Tuch, werfe es über den Vogel und nehme ihn schnell in die Hände. Ich sage den Kindern, daß der Vogel vor Angst halb tot ist und ich ihn ganz schnell wieder zu seiner Mutter ins Gebüsch trage. Die Kinder sollen sich wieder in den Kreis setzen inzwischen. Als ich wieder in die Klasse komme, sitzen alle bis auf Marek auf ihren Stühlen, still und erschrocken, denn Marek hat schon wieder einen Wutanfall. Bilder sind von den Wänden gerissen, Mäppchen vom Tisch gefegt, und nun steht er am Regal und zerbricht Pinselstiele. Ich nehme ihm einen Pinsel aus der Hand, erzähle, daß es seinem Vogel jetzt wieder besser geht. Seine Enttäuschung und Wut kann ich verstehen. Ich sage, wenn es ihm gleich wieder besser geht, soll er in den Kreis kommen. Wir beginnen mit dem Unterricht. Marek kommt, setzt sich. Ich will schon aufatmen, aber er setzt seine Aggression fort, diesmal gegen die Kinder. Obwohl sie zu ihm nichts Provozierendes sagen – sie sind sein Verhalten gewöhnt und reagieren meist mit Angst – tritt er nach beiden Seiten und springt dann auf und schlägt seinen Freund, der neben ihm sitzt. Da nehme ich spontan ein Glas mit Wasser, das da für die Mirabellenblüten bereitsteht, und schütte es mitten in Mareks erhitztes, rotes, verzerrtes Gesicht. In der Schrecksekunde danach packe ich ihn und schiebe ihn aus der Tür, die ich dann abschließe. Mir ist dabei ganz elend zumute. Ich kann Marek verstehen, aber er muß einfach lernen, aggressive Gefühle auf andere Art abzureagieren. Ich muß der Klasse, und vor allem auch ihm, deutlich klarmachen, daß ich nicht dulden kann, wenn er seine Mitschüler angreift. Nach der nächsten Pause ist Marek übrigens stillschweigend wieder erschienen. Er wirft mir einen prüfenden Blick zu und verhält sich dann bis Schulschluß ganz unauffällig. Ich habe mit ihm nicht mehr darüber gesprochen. Ich glaube, er hat es auch so verstanden. Und daß ich nicht mehr böse auf ihn war, hat er meinem Verhalten entnommen. Die anderen Schüler fanden es ganz toll, daß Marek eine kalte Dusche bekommen hat. Sie leiden oft unter ihm, und ich muß an ihr Verständnis immer wieder appellieren, wenn ich Marek anders behandele, als sie es erwarten. Ich glaube, ein bißchen verstehen sie es, denn sie erinnern sich noch, wie verstört und völlig in sich verschlossen er am Anfang war. 1½ Jahre hat er kaum ein Wort gesprochen und den Unterricht mit dem Kopf auf dem Tisch und beiden darüber verschränkten Armen verfolgt."[4]

Das „junge Vögelchen" Marek, zu wenig „flügge" für einen normalen Schulalltag, provoziert bei der Lehrerin offenbar mütterliche Gefühle. Nicht nur, daß sie Marek Zeit läßt zu sprechen, sie trägt auch den Vogel zur (Vogel-)Mutter – wo er hingehört. Marek dagegen wird wütend, durch die Schule von seiner Mutter und nun auch vom Ebenbild seines inneren Zustandes getrennt zu sein, damit die Lehrerin in ihrem Unterricht fortfahren kann. Die Lehrerin kann Mareks Wut gut verstehen, aber erst die kalte Dusche bringt ihn in die Wirklichkeit abgekühlter schulischer Verhältnisse zurück. Hier ist nicht uneingeschränkt möglich, was von innen her drängt, hier ist nötig, was von außen gefordert wird.

Die Mutter betreibt ihre Erziehung „privat", d.h. sie muß die Spannungen aus unterschiedlichen Vorstellungen alleine mit ihrem Mann und in der sogenannten Intimsphäre der Familie abhandeln. Ihre Erziehungslegitimation erhält sie aus ihrer Mutterschaft. Kaum jemand kann als Außenstehender im Detail in diese Verhältnisse Einblick nehmen, geschweige denn sie unmittelbar beeinflussen. Die Erzieherin und die Lehrerin dagegen erziehen/unterrichten an einem Platz in einer Institution, den sie sich durch ihre eigene Bildungsgeschichte erworben haben und an dem sie mit anderen Frauen und Männern in ein relativ festgefügtes Beziehungssystem eingebunden sind (angefangen vom Arbeitsvertrag über Teamabsprachen bis hin zu konfessionellen Grundsätzen) – und kontrolliert werden.

Die Erzieherin und die Lehrerin sind nicht mehr (als Kind) Familienmitglied oder Repräsentant der Familie, sondern Repräsentant einer gesellschaftlichen Gruppe, Institution und damit der Gesellschaft schlechthin. Mit ihrem Gang durch die Bildungsinstitutionen und ihrem Abschlußzeugnis haben sie zugleich offen oder stillschweigend die in dieser Gesellschaft vorherrschenden Be- und Erziehungs-Prinzipien sowie das allgemeine Wertsystem gewürdigt und übernommen (was im Prinzip mehr oder weniger jeder tut, der in einer gesellschaftlichen Institution arbeitet und was nicht bedeutet, daß er nicht eine von der „offiziellen" Politik abweichende Meinung haben kann und diese in der Öffentlichkeit oder in der Institution vertritt).

Dieser Übergang, die „Abnabelung" von der Familie, wird durch ein (Prüfungs-)Ritual geregelt, an dessen Abschluß die Erzieherin/Lehrerin als qualifizierte Erwachsene in die gesellschaftlichen Beziehungsstrukturen integriert ist. Dieses Ritual markiert zugleich auch die Stelle, an der die Schwierigkeit beginnt, familiäre mit gesellschaftlichen Erziehungsprinzipien in Kindergarten und Schule zu vereinbaren. Sowohl die Erzieherin, die Lehrerin als auch die Mutter kann nur auf eine Übereinstimmung hoffen, da weder die Familien einen unmittelbaren Einfluß auf das institutionelle Erziehungsgeschehen im Detail haben, noch die Institutionen unmittelbar in die Familien hineinwirken können. Das Aufgenommen-Sein als Erzieherin erfolgt heute weitgehend abgekoppelt von dem Einfluß der

Familie auf die Wertmaßstäbe, die in einer Gesellschaft bzw. in Institutionen Klarheit darüber verschaffen könnten, was Erwachsensein und die Erziehung darin (außer einer „Note“ auf einer Skala) bedeutet. Es gibt nämlich keine gesellschaftlich verbindliche, d.h. von *allen* Familien akzeptierte Auffassung wie Erziehung im Kindergarten und Bildung in der Schule stattfinden und wohin sie führen soll. Im Gegenteil, es existiert eine Vielzahl von Institutionen mit ganz unterschiedlichen Graden der Bindung ihrer Mitarbeiter an ein explizites Programm (von Kinderläden über kommunale Kitas bis zu Waldorf-Kindergärten, von Regelschulen über Montessori-Einrichtungen bis zu Freien Schulen).

Gegenüber dem Kindergarten ist die Institution Schule – für alle Kinder Pflicht – ein verhältnismäßig eindeutig beschreibbares Beziehungsfeld, das augenscheinlich wenig Freiheit zu erzieherischer Gestaltung läßt und für das Eltern verhältnismäßig übereinstimmende Erwartungen haben. Zeugnisdramen sind ein beredtes Beispiel dafür. Die Einbindung der Lehrerin in einen hochgeregelten Berufsalltag scheint keine Rücksicht mehr auf individuelles Wachstum und Förderung der Kinder zuzulassen. Die Überbetonung des strukturellen Aspekts von Erziehung in der Institution Schule läßt aber kaum sichtbar werden, daß auch im schulischen Unterricht ein hohes Maß an eigenverantwortlicher Gestaltung der Beziehungen möglich ist. Kein Erlaß schreibt vor, *wie* eine Lehrerin ihren Kindern die Lerninhalte beibringt.

Wie weit pädagogische Vorstellungen auseinandergehen dürfen, zeigt eine Kontroverse zwischen der Lehrerin einer staatlich anerkannten „Freien Schule“ und der Lehrerin einer Regelschule. Es ging um das Problem der Aufsicht und der Verantwortung. Die Lehrerin der Freien Schule erzählte, daß sie ein neu aufgenommenes Kind, das zudem noch aus einer fremden Stadt zugezogen war, allein auf Erkundung, d.h. ohne Aufsicht auf die Straße haben gehen lassen. Das Kind habe sich so die äußere Umgebung („einmal ums Karree“) aneignen können, um dann langsam und zunächst vorsichtig sich auf die Beziehungen innerhalb der Schule einzulassen. Die Lehrerin der Regelschule hielt dagegen, daß eine solche, pädagogisch vielleicht sinnvolle Einstellung zur Eigenverantwortlichkeit zugleich zum Vorwurf des Mißbrauchs der Aufsichtspflicht führen könnte. Die Eltern hätten schließlich ihr Kind der Lehrerin anvertraut. Sie jedenfalls könnte den Eltern nicht mehr in die Augen sehen, wenn sie so gehandelt hätte und dem Kind etwas passiert wäre. Das Kind hätte noch nicht einmal selbst schuld sein müssen. Die Lehrerin der Freien Schule dagegen äußerte, sie sei bereit, dieses Risiko persönlich zu tragen. Einerlei, wie man selbst die Probleme Aufsichtspflicht und Erziehung zur Selbstverantwortlichkeit sieht, zeigt das Beispiel jedoch, was zur gleichen Zeit in einer demokratischen Gesellschaft möglich ist, und vor allem, daß darüber diskutiert werden kann.

Die Freiheit der inhaltlichen Bestimmung, was im Erzieherberuf zu leisten wäre, enthält das Problem der mangelnden eindeutigen Orientierung. Die dadurch entstehende Spannung zwischen individuellen, institutionellen und politischen Vorstellungen von Pädagogik ist allerdings für das Voranschreiten und die Vielfalt einer Kultur nicht nur im Bereich organisierter Erziehung von außerordentlich positiver Bedeutung. Sie bietet ein Höchstmaß an Integration unterschiedlicher Vorstellungen und Zugangsweisen und schafft die Möglichkeit von Neuentwicklungen bei sich verändernden Verhältnissen. Es ist also viel Raum gegeben, „private" Vorstellungen institutioneller Erziehung zu entwickeln bis hin zu grandiosen Phantasien, etwa was ein bestimmter pädagogischer Ansatz zu leisten imstande wäre (vgl. etwa die Konzepte der antiautoritären Erziehung oder der Montessori-Pädagogik). Solche „privaten" Vorstellungen können sich um so mehr bei den einzelnen Mitarbeitern ausbreiten, je weniger verbindlich das institutionelle Programm definiert und kontrolliert wird. Sie bleiben zwar an die institutionellen Gegebenheiten (Struktur und Klientel) gebunden, knüpfen aber inhaltlich erst einmal an den eigenen familiären Erfahrungen an (was man gut gefunden hat oder was man besser machen möchte oder wiederholen die institutionellen Erfahrungen, die man als Kind gemacht hat).

Der Freiraum einer gewissen Selbstbestimmung kann allerdings im Einzelfall auch Unsicherheitsgefühle oder Kränkungen zur Folge haben, die um so persönlicher interpretiert werden (etwa als Selbstvorwürfe), je größer der Freiraum erlebt wird. Institutionsanalysen zeigen, wie hart pädagogische Größenphantasien aufeinanderstoßen und zu welchen kaum auflösbaren Kränkungen führen, etwa in der wechselseitigen Abwertung der Mitarbeiter (was „richtiges" und „falsches" pädagogisches Verhalten sei). Die daraus entstehenden Beziehungs- oder Kommunikationsstörungen tragen mit dazu bei, daß die familiären Vorstellungen (optimale *individuelle* Förderung der Kinder) zugunsten institutioneller Belange, nämlich der Verbesserung der Verhältnisse für die Mitarbeiter, zurückgedrängt werden, d.h. daß die Interessen der institutionellen Kooperation (also der *gesellschaftlichen* Beziehungen) im Vordergrund zu stehen scheinen.

Im Prinzip scheint beides, jeweils für sich genommen, unzureichend und nicht der sozialen Situation angemessen. Aber es ist weniger das Problem einer „richtigen“ oder einer „falschen“ Alternative. Vielmehr drückt sich darin der Antagonismus zwischen familiären und institutionellen Beziehungsprinzipien aus.

Mutter Natur und Vater Staat

Bei dem Konflikt zwischen Familie und Institution stehen Frauen in pädagogischen Berufen gleich in einem mehrfachen Dilemma:

– Sie haben in ihrer beruflichen Funktion keinen verbindlichen Bezug zur Gesellschaft. Das, was sie zu fördern oder zu verhindern versuchen, kann mit Vorstellungen aus ganz anderen gesellschaftlichen Bereichen kollidieren (Beispiel: Einfluß des Fernsehens auf Kinder).

– Ihre Arbeit bleibt somit im Rahmen scheinbar ganz individueller Erziehung, obwohl sie in Strukturen und Herrschaftsverhältnissen stattfindet, die gesellschaftlich bestimmt sind: Die Institution Kindergarten und vor allem aber die Grundschule bedienen sich in einer männlich dominierten Kultur mütterlicher Qualifikationen, der Versorgung und Förderung, die zugleich zu gering geachtet werden, als daß ihre Belange von Einfluß wären (Beispiel: Diskussion um Kriegsspielzeug) oder der Besuch des Kindergartens für *alle* Kinder als verbindlich angesehen würde.

– Der Konflikt Familie/Kultur geht durch ihre Person als Erzieher*in*/Lehrer*in,* weil sie den mütterlichen Anteil von Pädagogik als Frau in sich tragen. Sie sind in der Institution zugleich aber auch „Agent“ des väterlichen Prinzips (der Forderung und Bewertung). Sie sind mit Müttern konfrontiert, die sie in den Zwiespalt der inneren Abwägung von familiären und kulturellen Erfordernissen bringen, und sie sind möglicherweise selbst Mutter und daher von dem Zwiespalt in ihrer eigenen Person betroffen.

– Die Väter dagegen enthalten sich weitgehend dieser Konfrontation. Sie überlassen die Austragung der entsprechenden Konflikte fast ganz den Frauen. Väter sind z.B. auf Elternabenden seltene Gäste. Dennoch bestimmen sie direkt oder indirekt, was in den Institutionen geschehen soll.

Mario Erdheim hat den bereits von Freud beschriebenen Antagonismus von Familie und Kultur auf das Problem des Übergangs vom Kind zum Erwachsenen bezogen. Er kommt zu der Auffassung, daß es eine Realitätsverkennung sei, wenn man die Institution, in der man arbeitet, als Familie erfahren will und wenn man glaubt, in der Institution familiäre Verhältnisse herstellen zu können. Der Einfluß der frühen Kindheit auf das Erwachsenenalter sei darin begrenzt, wo die Gesellschaft eine Kultur unabhängig von der Familie (oder umgekehrt eine Familie unabhängig von der Kultur) zulassen könne: „Auf diese Weise könnte man sich einerseits auf das psychoanalytische Wissen über die frühkindliche Sozialisation beziehen, andererseits über die prägenden Einflüsse der Kultur auf das Individumm unmittelbarer berücksichtigen als bisher, da man immer nur auf die guten oder schlechten Erfahrungen der Eltern, speziell der frühen Mutter, rekurieren und die Spannungen sowie Konflikte des Individuum mit seiner Gesellschaft auf Erziehungs- bzw. Aufziehungspraktiken zurückführen mußte.“[5]

Ob sich eine einzelne Pädagogin deutlicher gegen die verinnerlichten Tendenzen abgrenzen kann, im Kindergarten oder in der Schule den mütterlichen Aspekt von „Familie“ etablieren zu wollen (was qua Institution nicht widerspruchslos geht) hängt wahrscheinlich davon ab, wie sie der einzelnen Mutter verständlich machen kann (und muß), daß die pädagogische Institution für ihr Kind nicht nur eine möglichst optimale Versorgungsanstalt ist, sondern den ausgesprochenen oder unausgesprochenen Prinzipien der Gesellschaft verbunden ist. Die Spannung zwischen der Erzieherin/Lehrerin und der einzelnen Mutter, die so häufig die Atmosphäre der Elternabende belastet, braucht nicht als das persönliche Mißlingen einer Kooperation erlebt werden, sondern kann als Ausdruck einer Begegnung verstanden werden, in der objektiv die Spannung zwischen Familie und Kultur angelegt ist. Diese Spannung läßt sich ganz sicher nicht individuell aufheben. Vielmehr muß jeweils unterschieden werden, ob eine Forderung von der einen an die andere Seite pädagogisch überhaupt einzulösen ist oder ob sie nur über politische und das heißt zugleich kulturelle Veränderungen in die erzieherische Praxis umgesetzt werden kann.

Liebe ohne Aggression?

Rhett: Ist dir nie der Gedanke gekommen, du könntest auch mal zum Vergnügen heiraten?
Scarlett: Den Männern macht es Spaß, Gott weiß warum. Begriffen hab' ich es nie. Aber alles, was die Frau davon hat, ist: etwas zu essen, eine Menge Arbeit, die Narrheiten des Mannes, die sie über sich ergehen lassen muß, und jedes Jahr ein Kind.[1]

Ein Mann und eine Frau lernen sich kennen, verlieben sich, müssen, um zusammen zu kommen, verschiedene Hürden überwinden, etwa in Person der zukünftigen Schwiegermutter oder des Nebenbuhlers. Das Paar wird dabei in kuriose Situationen verwickelt und schließlich kriegen sie sich endlich – wie im Märchen. Unzählige höchst beliebte Filme, Komödien und Musikstücke beschreiben diesen Weg der Verliebtheit, und vom Komödienstadel bis zum Ohnsorg-Theater enden solche Geschichten meist mit der Hochzeit. Der Vorhang schließt sich: Das Paar ist mit dem Alltag seiner Liebe allein.

Das ernste Theater führt die Geschichte fort, und oft genug endet sie in einer Tragödie. Solche Tragödien für das Fernsehvolk heißen z. B. „Dallas" und „Denver". Hier scheint die Liebe zwischen Eltern und Kindern, Mann und Frau nur noch aus Aggressionen gegeneinander zu bestehen. Warum aber kränken und verletzen sich liebende Menschen, warum können sie den paradiesischen Zustand ihrer grenzenlosen Verliebtheit nicht bis in alle Ewigkeit verlängern? Ist Liebe ohne Aggression überhaupt möglich?

Über Liebe und Aggression wird seit Adam und Eva nachgedacht. Kaum ein literarisches Werk, das sich neben Geburt und Tod nicht mit dem Thema Liebe und Aggression beschäftigt, kaum ein menschliches Thema überhaupt, das nicht vom Problem gewaltsamer Liebe berührt wäre. Auch die Wissenschaft ist da nicht ausgenommen. Auch bei Sozialwissenschaftlern erzeugt das Paar „Liebe" und

„Aggression" eine schier endlose Flut von Ideen und Ratschlägen. Um mit einigen Gedanken zu diesem Verhältnis aus der Sicht der Ethnologie, Anthropologie und Psychologie vertraut zu machen, werde ich mit einem Fallbeispiel beginnen. Es leitet die zentrale theoretische Fragestellung ein, ob destruktive Aggression unabänderlich zum Joch der Menschheit gehört. Dies wird zu Ursprüngen verzerrter Liebesvorstellungen führen, zu deren Darstellung und zum Unterschied zwischen männlichen und weiblichen Phantasien. Die Spannung zwischen den Geschlechtern, die die Liebe so schwer macht, werde ich dann auf ihre biologischen Wurzeln hin verfolgen und die Konsequenzen andeuten, die sich ergeben, wenn die Spannung zu Polarisierungen zwischen Liebe und Haß führen. In den folgenden Ausführungen werde ich mich im wesentlichen auf die Paarbeziehung zwischen Mann und Frau beschränken.

Biologie oder Kultur

Ein etwa 36jähriger Mann berichtet: Seit 15 Jahren bin ich verheiratet. Für andere sieht es so aus, als seien wir das glücklichste Paar. Wir harmonieren auch an sich vollkommen, bis auf die Tatsache, daß es im Bett nicht klappt. Meine Frau verweigert sich mir. Sie will auch nur selten mit mir schmusen. Zum Beispiel im letzten Urlaub. Da waren wir in Spanien. Alles hat gestimmt. Das Hotel hat gestimmt, das Meer hat gestimmt, das Essen. Nur, als wir abends bei Sonnenuntergang auf der Terasse saßen und ich andere Pärchen eng umschlungen gesehen habe, haben mich Wut und Verzweiflung gepackt, daß ich dies nicht haben kann. Jetzt habe ich mich von meiner Frau getrennt.

Der Mann in dem Beispiel reagiert in gewisser Weise typisch: Für das, wonach er sich sehnt und was ihm fehlt, schaut er in die Ferne. Dort vermeint er es zu sehen, obwohl er zugleich sagt, auch die anderen sähen bei ihm ja etwas, was er nicht habe. Denn schließlich sei er ja eben nicht glücklich. Das Paradies bei den Fremden zu suchen ist sicherlich ebenso verbreitet, wie das Böse im Andersartigen zu sehen. Wenn man mit den eigenen Verhältnissen nicht weiterkommt, d. h. wenn es nicht gelingt, die Wurzeln des Übels zu packen, dann ist es ein gängiges Verhaltensmuster, sich bei anderen, bei den Fremden, umzuschauen. Wie kommt es, daß es bei ihnen so schön und glücklich aussieht? Welche von uns verschiedenen Verhältnisse herrschen bei ihnen und welche Beziehungskultur haben sie geschaffen, in der es mit der Liebe und der Aggression vielleicht besser funktioniert? Wie machen es die Fremden?

Mario Erdheim, ein Psychoanalytiker, der sich mit ethnologischen Fragestellungen befaßt, also mit der Wissenschaft fremder Völker und Kulturen, schreibt zu dem vermißten sexuellen Glück und der Unbewußtheit, warum es nicht zu haben ist: „Fremd wie das eigene Unbewußte sind die anderen Kulturen und das andere Geschlecht. Die sexuelle Erfahrung ist eines der Modelle, das die Zuwendung zum Fremden regelt, Wissenschaft zur Leidenschaft macht und den Erkenntnisprozeß in gegenseitige Verführungen verwandelt."[2]

Ethnologische Forschungen sind häufig zum Fingerzeig benutzt worden, daß aggressionsfreie und liebevolle Verhältnisse zwischen Menschen möglich sind. Man müsse nur herausfinden, welche kulturellen Beziehungsformen in solchen Völkern existieren, und unsere entsprechend ändern. Hier ein Bericht über „einen Tag in Samoa", der glauben macht, das Paradies sei gefunden: „Das Leben des Tages beginnt in der Morgendämmerung; wenn der Mond bis zum Tagesanbruch geschienen hat, sind die Rufe der jungen Männer auch schon vor der Dämmerung von den Hügeln zu hören. Nach der unbehaglichen von Geistern bevölkerten Nacht schallen nur fröhliche Zurufe von einem zum andern, während sie eilig mit ihrer Arbeit beginnen. Sobald der Tag zwischen den sanften braunen Dächern dämmert und die schlanken Palmen sich vom farblosen, glitzernden Meer abheben, schlüpfen Liebende vom Stelldichein unter Palmen oder auf dem Strand im Schatten von Kanus nach Hause, damit das Licht jeden Schläfer am richtigen Ort findet. Hähne krähen schläfrig, und von den Brotfruchtbäumen ertönt eine schrille Vogelstimme. Das eindringliche Tosen der Riffsee erscheint plötzlich gedämpft – nur noch Begleitmusik für die Geräusche des erwachenden Dorfes. Säuglinge schreien, aber nach ein paar kurzen Jammertönen reichen ihnen die schlaftrunkenen Mütter gleich die Brust."[3]

Dieser Text stammt von Margret Mead, der wohl bekanntesten Ethnologin überhaupt. Mit Kulturvergleichen zwischen primitiven Völkern und der amerikanischen Gesellschaft versuchte sie zu belegen, daß die jeweiligen gesellschaftlichen Verhältnisse die Liebes-

und Aggressionsbereitschaft der Menschen formen. Sie war eine der Hauptvertreterinnen des sogenannten Kulturdeterminismus, d.h. der Auffassung, daß die menschliche Natur eine Tabula rasa sei, die von der Kultur einer jeweiligen Gesellschaft „beschrieben“ werde. Sie kam zu dieser Auffassung aus einer genau gegenteiligen wissenschaftlichen Situation heraus, nämlich dem Vorherrschen des sogenannten biologischen Determinismus. Diese Richtung war seit den Arbeiten von Charles Darwin über die Entstehung der Arten weit über die Grenzen Amerikas hinaus verbreitet. Vermittelte das Darwinsche Bild eine gewisse Hoffnungslosigkeit, sich gegen die biologische Vererbung und Anlage nur insoweit verändern zu können, als es durch Auslese- und Trainingsprogramme möglich sei, so gab Margret Mead Impulse, über Entwicklung und Erziehung als kulturelle Leistung neu nachzudenken. Aus solchen Gedanken leiteten sich dann entsprechende Vorschläge ab, wie z.B. Erziehung neu bzw. anders gestaltet werden müsse.

Derek Freeman, ein australischer Anthropologe, hat sich kritisch mit Margret Meads „Legende von der Friedfertigkeit der Naturvölker“ auseinandergesetzt. Er zeichnet nicht nur die Geschichte der wissenschaftlichen Auseinandersetzung und die Debatte nach, ob mehr die Kultur oder mehr die Natur am Zustandekommen von Liebe und Aggression beteiligt sei, sondern er geht im einzelnen den Beobachtungen Margret Meads in der Kultur Samoas nach: „Das einzig unangenehme Vorkommnis – das Margret Mead beschreibt – ist der Tod eines Verwandten in einem anderen Dorf. Es gibt nicht den geringsten Hinweis auf die brutale Härte der Realität, wie z.B. die gewalttätigen Streitereien, die Bestrafungen, die Eifersüchteleien, die Beleidigungen und die emotionalen Störungen – die jedoch ebenso ein Bestandteil des Lebens in Samoa sind wie jene verlockenden Einzelheiten, aus denen Margret Meads ‚Ein Tag in Samoa‘ so kunstfertig zusammengesetzt worden ist.“[4]

Es gibt auch keine Beschreibungen darüber, wie auch in Samoa Männer Frauen vergewaltigen, ein Vergehen, das zur Zeit der Untersuchungen Margret Meads das dritthäufigste Delikt in der samoanischen Kultur war: „Sowohl bei dem erschlichenen als auch bei dem mit Gewalt erzwungenen Geschlechtsverkehr wurden von den männlichen Tätern Methoden angewendet, die kulturell tradiert sind. Das muß hier noch einmal ausdrücklich betont werden. Bei der heimlichen Vergewaltigung besteht der Trick... darin, das Opfer im Schlaf zu überraschen, so daß der Vergewaltiger seinen Zeige- und Mittelfinger mit einem Ruck in die Scheide des wehrlosen Mädchens einführen kann. Beim gewaltsam erzwungenen Geschlechtsverkehr wird das Opfer durch einen heftigen Schlag über dem Solarplexus betäubt. Beide Praktiken sind Teil der samoanischen Kultur."[5] Inwieweit aus Freemans Widerlegungen bereits hervorgeht, daß allein die biologische Ausstattung des Menschen für Liebesformen und Aggressionsneigungen verantwortlich sei, sei dahingestellt. Er selbst zitiert Conway Zirkle: Jeder Versuch, eine der beiden Komponenten als wichtiger hinzustellen, sei so töricht, wie feststellen zu wollen, wer für das Zustandekommen des Ergebnisses wichtiger sei: der Multiplikant oder der Multiplikator.[6] Soweit zur Anthropologie und Ethnologie.

Mütter, Väter und frühe Erfahrungen

Eine andere Möglichkeit, sich über die kulturellen Wirkungen auf die Liebes- und Aggressionsneigungen von Menschen klarzuwerden, ist die Analyse der Bildungsgemühungen bei wilden Kindern. Solche Kinder, die den größten Teil ihres Lebensbeginns außerhalb menschlicher Kultur, also in der Wildnis verbracht haben, sind z. B. Kaspar Hauser, Victor von Aveyron oder um Beispiele aus der unterhaltenden Literatur zu nennen: Tarzan oder Mogli. In keinem der im Laufe der Geschichte bekanntgewordenen Fälle ist es bisher gelungen, solchen Kindern ein auch nur annähernd normales Leben in ihrer jeweiligen Umgebung zu ermöglichen. Obwohl biologisch offenbar genauso ausgestattet wie alle anderen Menschen ist es nicht einmal gelungen, ihnen die menschliche Sprache über das Niveau eines dreijährigen Kindes hinaus beizubringen.

Jean Itard schildert in seinem „Gutachten und Bericht über Victor von Aveyron" die Bemühungen, Victor lern- und liebesfähig zu machen. Auch die härtesten Anstrengungen und die detailliertesten Erziehungsprogramme bewirkten allerdings wenig: „Ich ... dachte voll Bitterkeit an diesen Unglücklichen, den sein merkwürdiges Schicksal vor die traurige Alternative stellen würde, entweder wie ein wirklicher Idiot in irgendeine unserer Anstalten verbannt zu werden oder sich mit unsäglichen Mühen ein bißchen Bildung zu erkaufen, die für sein Glück nutzlos war."[7]

Wenn auch die Bemühungen zur intellektuellen Bildung des Wilden wenig erfolgreich waren, so gibt es doch in Itards Bericht einige Hinweise auf „Erfolge" im Gefühlsbereich. Als Victor wieder einmal fortgelaufen war und von seiner Erzieherin, Madame Guérin von dem Ort abgeholt wurde, zu dem ihn die Gendarmen gebracht hatten, erbleichte er „... und – so Itard – verlor einen Augenblick das Bewußtsein; doch als Madame Guérin ihn küßte und umarmte, kam er rasch wieder zu sich und bezeugte seine Freude durch schrille Schreie, konvulsivisches Händeschütteln und ein vor Glück strahlendes Gesicht, und er erschien allen Anwesenden viel weniger als ein gewaltsam zu seiner Aufsichtsperson zurückgeholter Flüchtling denn als ein zärtlicher Sohn, der sich aus eigenem Antrieb in die Arme derer stürzt, die ihn zur Welt gebracht hat."[8]

Aloys Leber, ein Frankfurter Psychoanalytiker, hat dieses Erlebnis, dem Itard nur wenig Aufmerksamkeit schenkt, besonders hervorgehoben. Itard habe noch nicht gesehen, daß die Beziehung zu Madame Guérin ähnlich wie die Beziehung des Kindes zu seiner Mutter die Brücke zur Aneignung von Sprache und zur Erfahrung der Wirklichkeit gewesen sei: „Weder er noch Madame Guérin erkannten, welche Bedeutung jener Beziehung nicht nur für seine ‚moralische Entwicklung', sondern auch für seine geistige und vor allem für seine sprachliche zukam ... Da Itard den Zusammenhang zwischen emotionaler und kognitiver Entwicklung nicht zu entdekken vermochte... blieb ihm versagt, was dem Taubstummenarzt und -pädagogen besonders am Herzen lag, nämlich seinem ‚Wilden' Sprache zu vermitteln."[9]

Leber schreibt weiter, es sei nicht zufällig, daß das erste Wort eines Kindes meist Mama sei. Mit ihm könne es Freude über die Befriedigung und Sicherheit vermittelnde Beziehung zur Mutter Ausdruck verleihen. Mit dem zuerst gelernten Wort „lait" für Milch habe Victor eine Verbindung zu der bisher entbehrten mütterlichen Welt herstellen können, zu der er die stumme freie Natur habe machen müssen. Alles in Lebers Ausführungen deutet darauf hin, daß die Mutterliebe eine wichtige Grundlage für die Zivilisierung der menschlichen Natur, und damit auch für die erwachsene Liebes- und Aggressionsfähigkeit des Kindes darstellt.

Möglicherweise geht die Sehnsucht nach einer glücklichen Liebesbeziehung ebenso auf die früheste Lebensphase zurück wie die destruktive Ungehemmtheit des Wilden von Aveyron. Die ursprünglich paradiesische körperliche Einheit mit der Mutter vor der Geburt, die dem Kind im Idealfall das ozeanische Gefühl des Eins-Seins mit der Welt als Erinnerungsspur hinterlassen hat, diese Einheit wird ja abrupt und im Kampf während und mit der Geburt beendet. Die Austreibung aus dem Paradies des Mutterleibes leitet den Prozeß der Individuation, der Entwicklung des Kindes zu einem eigenständigen Individuum, ein, in dem die Sehnsucht nach Verschmelzung mit dem Gegenüber und später mit dem Partner erhalten bleiben kann. Besonders dann, wenn das Allein-Sein für das Kind allzu schmerzlich war, wenn die Mutter es allzu früh seinen schwachen Lebenskräften überließ oder überlassen mußte, kann später die Wut über die nicht vorhandene Mütterlichkeit im Partner vernichtend sein.

Auch Elisabeth Badinter, eine französische Professorin für Philosophie, teilt die Auffassung, daß die frühen Erfahrungen lebensbestimmend sind. Allerdings hält sie dies für ein Unglück: „Das Unglück will es, daß die in der Kindheit erworbenen Meinungen am tiefsten im Menschen verankert sind. Es bedarf nicht weniger als eines ganzen Lebens, um diese schlechten Gewohnheiten zu zerstören. Und selbst in dieser Zeit gelingt es nur wenigen."[10]

Wenn der Mensch im späteren Alter Liebe und Aggression so vermischt, daß Liebe oftmals mehr als ihr Gegenteil, als Haß erscheint, daß Aggression eher destruktiv erlebt wird, denn als Kraft der lebensfrohen Auseinandersetzung, liegt es dann allein bei der Mutter, das Unglück verschuldet zu haben?

Elisabeth Badinter wehrt sich heftig dagegen, das Fehlen der Mutterliebe allein den Müttern anzulasten: „Die jeweiligen Rollen des Vaters, der Mutter und des Kindes werden anhand der Bedürfnisse und herrschenden Wertvorstellungen einer Gesellschaft festgelegt. Wenn der Scheinwerfer der Ideologie nur den Mann und Vater ins Licht rückt und ihm alle Vollmachten verleiht, tritt die Mutter in den Schatten zurück, und ihr Status gleicht dem des Kindes. Wenn sich die Gesellschaft dagegen für das Kind, sein Überleben und seine Erziehung interessiert, ist der Scheinwerfer auf die Mutter gerichtet, die zu Lasten des Vaters zur Hauptperson wird. Sie zeigt in den beiden Fällen gegenüber dem Kind und dem Ehemann ein unterschiedliches Verhalten. Je nachdem, ob die Gesellschaft die Mutterschaft aufwertet oder abwertet, wird die Frau eine mehr oder weniger gute Mutter sein."[11]

Väterliche Gewalt und die Autorität des Ehemannes gehen ihrer Auffasung nach Hand in Hand. Letztlich hätten die Männer damit auch zu verantworten, welche Möglichkeiten den Frauen zur Ausübung iher Mutterschaft bleiben: „Wenn man auch eine gefühlsmäßige Annäherung zwischen Vater und Kind feststellt, so bedeutet das doch keineswegs, daß sie zu einer allgemeinen Tatsache wurde, und es bedeutet noch weniger, daß sie als ‚obligatorisch' empfunden worden wäre. Es bedeutet ebenfalls nicht, daß der Vater sich tatsächlich gezwungen gesehen hätte, sich mit der Mutter in die erzieherischen Aufgaben zu teilen. Die gutwilligen Männer wurden gepriesen, doch die anderen ließ man nicht die gleiche Mißbilligung spüren, wie sie den schlechten Müttern wiederfuhr."[12]

Die Geschichte und die Analysen von Vaterbeziehungen zu ihren Kindern und deren Müttern strafen in der Tat Behauptungen Lügen, daß väterliche Liebe das sei, was auch die Kinder als Geliebt-Sein empfänden. Kinder haben nämlich im Laufe der Geschichte mehr unter der „Liebe" ihrer Eltern gelitten, als daß sie immer die notwendige Unterstützung für ein gesundes Wachstum erhalten hätten. Wenn aber Liebe und der Umgang mit Aggression etwas ist, was von den Vorstellungen der Männer dominiert wird, was stellen sich diese dann vor? Wie sehen ihre Liebeskonzepte aus? Wie unterscheiden sie sich von weiblichen Ideen?

Das Patriarchat und seine Frauen

Der wahrscheinlich bekannteste Autor zum Thema Liebe dürfte Erich Fromm sein. Sein Buch „Die Kunst des Liebens" hat seit dem Erscheinen Hochkonjunktur. In diesem Buch versucht er, die unterschiedlichen Spielarten der Liebe auf die verschiedenen Beziehungsformen hin zu diskutieren, in denen sich Menschen begegnen: Eltern und Kinder, Nachbarn, Partner, die Begegnung mit sich selbst und die Begegnung mit Gott. Sein Ausgangspunkt: „Ist Lieben eine Kunst? Wenn es das ist, dann wird von dem, der diese Kunst *beherrschen* will, verlangt, daß er etwas weiß und daß er keine Mühe scheut. Oder ist die Liebe nur eine angenehme Empfindung, die man rein zufällig erfährt, etwas, was einem sozusagen ‚in den Schoß fällt‘, wenn man Glück hat?“ Und programmatisch formuliert Fromm weiter: „Dieses kleine Buch geht davon aus, daß Lieben eine Kunst ist, obwohl die meisten Menschen heute zweifellos das letztere annehmen.“[13]

Zur Liebe gehört nach Fromm die Anstrengung füreinander. Liebe ist für ihn eine Kraft, die Wände niederreißt, die den Menschen von seinem Mitmenschen trennen: „Die Liebe läßt ihn das Gefühl der Isolation und Abgetrenntheit überwinden und erlaubt ihm trotzdem, er selbst zu sein und seine Integrität zu behalten. In der Liebe kommt es zu dem Paradoxon, daß zwei Wesen eins werden und trotzdem zwei bleiben.“[14]

Dieser Idee entspricht nach Fromm der mythologische Ausdruck, daß Mann und Frau ursprünglich eins gewesen seien, daß sie auseinandergeteilt wurden und daß seitdem jeder Mann seine verlorene weibliche Hälfte suche, um sich aufs neue mit ihr zu vereinigen. Die Polarität zwischen dem männlichen und weiblichen Prinzip bestehe im Innern jedes Mannes und jeder Frau. Im Prinzip seien sie im psychologischen Sinne bisexuell, sie trügen beide das Prinzip des Empfangens und des Eindringens, der Materie und des Geistes in sich.

Die Schwierigkeit mit der Liebe läge in der entfremdeten Marketing-Persönlichkeit des 20. Jahrhunderts. Heute gehe es um ein Egoism à deux, um den Egoismus zweier Menschen, die ihre beiderseitigen Interessen in einen Topf werfen und sich gegen eine feindliche und entfremdete Umwelt verteidigten: „Genauso wie Menschen gewöhnlich meinen, Schmerz und Traurigkeit müßten unter allen Umständen vermieden werden, so glauben sie auch, Liebe bedeute das Fehlen jeglicher Konflikte. Sie haben auch allen Grund zu dieser Annahme, weil die Streitigkeiten in ihrer Umgebung offenbar nichts als destruktive Auseinandersetzungen sind, die keinem der Beteiligten irgendeinen Nutzen bringen.“[15]

Die Anstrengung, von der Fromm meint, daß sie zur vollendeten Liebe gehört, faßt er in den Kategorien Disziplin, Konzentration, Geduld und der Wichtigkeit zusammen, die man der Anstrengung beimißt. Der Eindruck eines leicht asketischen Anstrichs, der sich bei diesen Begriffen aufdrängt, mag vielleicht auf ein männliches Problem zurückgehen, daß es einer gewissen Anstrengung beim Umgang mit Gefühlen bedarf, und nicht nur mit den positiven.

Einen anderen Weg beschreitet die schweizer Psychotherapeutin Verena Kast. Sie arbeitet die Phantasievorstellungen heraus, die Partner wechselseitig voneinander haben und ihren Wunsch nach Verschmelzung heftig stören, wenn sie nicht übereinstimmen. Obwohl sich Erich Fromm und Verena Kast gleichermaßen auf psychoanalytische Grunderfahrungen beziehen, so scheint sich doch der Ansatz von Verena Kast dahingehend von Erich Fromms Vorstellungen zu unterscheiden, daß sie die Phantasievorstellungen mit den realen Paarproblemen in Beziehung zu setzen versucht, während Fromm der Arbeit an sich selbst, dem Beherrschen der Kunst, größere Bedeutung beimißt. Verena Kast: „Wenn wir ... lebendige Menschen sind, werden wir feststellen, daß diese Beziehungsphantasien sich im Laufe des Lebens immer wieder verändern, daß wir also, wenn wir lebendige Beziehungen haben wollen, auch diese Beziehungsphantasien immer wieder miteinander teilen müssen, nicht, indem wir sie als Vorwürfe gegeneinander wenden, sondern sie als Sehnsüchte nach neuem, gemeinsamen Leben formulieren, als Wegmarken einer gemeinsamen Beziehung betrachten. Krisen und Probleme gibt es dann, wenn wir feststellen, daß eine neue Beziehungsphantasie vom Partner nicht oder noch nicht geteilt werden kann, oder wenn wir uns unserer neuen Sehnsüchte noch nicht bewußt sind."[16]

Nicht daß allein das Erkennen der Phantasien übereinander bereits alle Schwierigkeiten im Streit eines Paares beenden könnte, aber die wechselseitigen, unpassenden Zuschreibungen des Gegenüber bzw. die Widersprüche zu der jeweils eigenen Phantasie drängen zur Lösung. Verena Kast schlägt den Partnern innere Streitgespräche vor. Sie sollen sich vorstellen, daß ihr Partner der „anderen" Seite in ihnen entspricht, daß er quasi die ungeliebten Eigenschaften der eigenen Person spiegelt. Sie baut darauf, daß die imaginierten Streitgespräche den Konflikt zwischen den Partnern primär als Konflikt in den beiden Seiten der jeweils eigenen Person sichtbar machen können. Es erscheint plausibel, daß die Partner erst dann zueinander finden, wenn sie sich von dem inneren Bild ihres Gegenüber trennen und den Partner so sehen und aushalten können, wie er wirklich ist. Das Fließen-Lassen der Phantasien, das intuitive Verfolgen der Gefühlsdynamik und schließlich der Vergleich mit archetypischen Liebesbeziehungen, d.h. Beziehungen, die es in dieser oder jener typischen Form immer schon gegeben hat, weist auf eine eher weibliche Vorstellung von Liebe hin.

Die Angst der Männer vor den Frauen

Daß die herrschenden Ideen, wie eine Liebesbeziehung auszusehen habe, immer schon durch die besondere Position des Mannes zur Frau bestimmt worden ist, und, daß sie in unserer Gesellschaft nach wie vor dominieren, hat der Ethnologe Klaus E. Müller außerordentlich detailliert belegt. Seine Arbeit gibt darüber hinaus einen Hinweis, auf welche Wurzeln die Spannungen zwischen den Geschlechtern zumindest vom Mann aus zurückgehen. Über alle Kulturen und alle Zeiten hinweg zeigt sich nämlich die gleiche Tendenz der Männer, sich in zwei Bereichen den Frauen gegenüber abgrenzen zu müssen bzw. Rituale und Vorstellungen zu entwickeln, die ihre spezifischen Ängste vor Frauen binden.

Da ist einmal die Angst vor der Fremdheit bzw. der biologischen Andersartigkeit des weiblichen Geschlechts. Diese Angst findet vor allem in den vielfältigen Einweihungszeremonien und Ausgrenzungsritualen primitiver Kulturen gegenüber vermeintlich ansteckender Unreinheit der Frauen ihren gesellschaftlichen Ausdruck: „Die eigentliche Basisinstanz, auf die sich die Thesen von der weiblichen Unreinheit letztendlich immer wieder beziehen, bildet das Menstruationsphänomen. Es bot sich in dieser Hinsicht ja insofern auch geradezu optimal an, als es zum einen die Geschlechter auf das markanteste schied und zum anderen tatsächlich auch eine empirische Grundlage für die Bezichtigung zu liefern schien: legte die Natur des Vorgangs doch die Annahme nahe, daß ein Teil des weiblichen Bluts irgendwie ‚unrein' sei bzw. derartiges unreines Blut im Körper der Frauen immer wieder aufs neue entstehe und daher, ähnlich wie beim Verdauungsprozeß gewissermaßen die Schlackenstoffe der aufgenommenen Nahrung, von Zeit zu Zeit abgeführt werden müsse, um den Organismus funktionstüchtig und damit überhaupt auch lebensfähig zu erhalten."[17]

Das Zweite, das Männer zu allen Zeiten beschäftigt hat, ist die Überlegenheit der Frau, für den Fortbestand der Gesellschaft zwar nicht die alleinige Ursache darzustellen, aber doch praktisch die alleinige Verantwortung für die Austragung neuen Lebens zu haben. Darüberhinaus galt und gilt auch vielfach noch die Geburt wie die Menstruation als unrein, so daß man sich vor einer Infektion durch Separierung schützen muß. Ähnlich wie menstruierende Frauen in früheren Kulturen auf entsprechende Häuser verwiesen wurden, findet ja heute auch die Geburt abseits von der Familie in einer Klinik statt, eben mit dem Argument, daß es dort besonders rein sei, sprich hygienisch.

Der Gebärneid des Mannes, auf den u.a. Bruno Bettelheim hinweist, hat Männer immer schon zu gewaltigen Mythen über Knie- bis Kopfgeburten und zu ungeheuren Anstrengungen intellektueller Art beflügelt, Leben aus der Retorte zu schaffen. Der Gebärneid steht allerdings in der öffentlichen Diskussion heute weit weniger im Vordergrund als der Neid der Frauen um die gesellschaftliche Position der Männer. Bettelheim erklärt dies so: „Es scheint, daß in jeder Gesellschaft der Neid auf das dominante Geschlecht leichter zu beobachten ist. In Gesellschaften, in denen Männer die wichtigere Rolle spielen, wird der Neid auf den Mann ... bereitwilliger zugegeben, offener ausgedrückt und leichter erkannt; es herrscht Übereinstimmung darüber, daß es wünschenswert ist, ein Mann zu sein. Dies treibt den Neid der Männer auf die Frauen in den Untergrund, da er im Gegensatz zu den erklärten Normen steht und daher als unnatürlich und unmoralisch angesehen wird.“[18]

Die eingestandenen oder uneingestandenen Minderwertigkeitsgefühle des Mannes der Frau gegenüber haben sich nicht nur heute und in unserem Kulturkreis zu ungeheuren (Macht-)Phantasien über die Beherrschung der Natur potenziert. Daß die Frauen in der Geschichte die Vorstellungen der Männer hinnehmen mußten, daß sie millionenfach der gnadenlosen Gewalt der Männer ausgeliefert waren, belegen Gunnar Heinsohn und Otto Steiger. Sie beschreiben das Martyrium der Frauen, die um die den Männern verwehrten Geheimnisse von Geburt und Leben in besonderem Maße gewußt haben.[19] Die „alte Hexe“ ist in Männerphantasien auch heute noch eine Frau, die ihre Macht vor allem aus ihrer Kenntnis der Natur, aus ihrem Wissen über das Leben, kurz aus ihrer Weiblichkeit schöpft.

Ein Beispiel dafür, wie die Liebe zwischen Männer und Frauen im Zusammenhang mit dem Gebärneid der Männer und deren destruktiven Phantasien in ihr Gegenteil umschlagen kann, gibt Cora Stephan. Der folgende Abschnitt stammt aus einem öffentlichen Vortrag, den sie abbrechen mußte, weil es zu tumultartigen Szenen und empörten Ausrufen gegen die Referentin kam: „Die Frauen haben, da sie über die Erzeugung von Leben verfügen, den Männer die Erzeugung des Todes überlassen. Dieser Vertrag ist zu kündigen. Den Frauen, die Leben geben, steht auch zu, den Tod zu geben. Dazu gehört der Kindsmord ebenso wie der Gattenmord, dazu gehört der Schierlingstropfen im Kaffee des Chefs, dazu gehört die Axt auf den Scheitel des Politikers und die Säure ins Gesicht des Konzernherrn, dazu gehört das Rasiermesser am Hals des fernsehenden Pantoffelhelden..."[20]

Grenzen in der eigenen Person

Auch wenn solche Phantasien vielleicht nachvollziehbar sind, so ist doch damit die Grenze markiert, jenseits derer keine noch so starke Liebe mehr zur Vermittlung ausreicht. Allerdings ist nicht nur die tödliche Verletzung, sondern auch die Trennung des Mannes von seiner Frau eine Grenzüberschreitung, die jeden Liebesbeweis zunichte macht. Ich möchte daher noch einmal auf das Eingangsbeispiel von dem Mann zurückkommen, für den alles gestimmt hat außer, daß sich ihm seine Frau sexuell verweigerte. Er berichtete am folgenden Tag einen Traum: Er sei seiner Frau begegnet, die aus einer Spalte am Oberarm geblutet habe. Dies habe ihn so erschrokken, daß er mit aller Macht versucht habe, die Frau dazu zu bewegen, sich die Wunde zunähen zu lassen. Sie dagegen habe sich geweigert, und schließlich habe die Wunde von ganz allein aufgehört zu bluten und sich geschlossen.

Dieser Mann muß sich mit seiner Angst vor Frauen auseinandersetzen, wenn er das scheinbar einzige Problem seiner Partnerschaft, das sexuelle, auch für die Zukunft lösen will. Immerhin hängt seine Vorstellung von Liebe davon ab. Vielleicht wird dann erst aus dem unvollständigen Paradies seiner Ehe eine Beziehung, der man die

Liebe mehr in der Trennung von seiner Angst ansieht als in der Trennung von seiner Frau.

Ich möchte zum Abschluß meine Ausgangsfrage zusammenfassend zu beantworten versuchen. Ob Liebe ohne Aggression möglich ist, und hier meine ich mit Aggression die Gefühle, die kränken, verletzen oder gar vernichten, hängt entscheidend davon ab, wie die Menschen verschiedenen Geschlechts ihre Angst voreinander in den Griff bekommen. Dazu bin allerdings nicht nur ich als Sozialwissenschaftler und Mann gefragt, dazu muß auch die „andere Hälfte des Himmels", die Frau, zu Wort kommen (von ihrer Angst und ihrer Aggression war in den Erzählungen des Mannes ja keine Rede). Nur in Sprache nämlich können die wechselseitigen Phantasien der Geschlechter übereinander ausgetauscht und auf die jeweilige Beziehungsrealität hin überprüft werden. Genau in dieser Möglichkeit unterscheiden wir Menschen uns von der übrigen Natur.

2. Phantasierte Gewalt

Phantasie und Realität

Phantasie gilt – folgt man einem psychologischen Wörterbuch – als Vorstellungskraft oder Vorstellungen, „... die als neu in unser Bewußtsein treten und sich mit den vorhandenen Bewußtseinsinhalten verbinden. Entscheidend ist das Neuartige, das Nicht-Erlebt-Haben der Phantasiekombination. Sie enthalten meist weder Erinnerungen noch Wiedererkennen, wenn sie auch die Neuorganisation von Erfahrenem sein können."[1] Bei allen begrifflichen Schwierigkeiten, die Phantasie als eine menschliche Erlebnisweise umfassend zu beschreiben, etwa sie vom Traum, vom Tagtraum, von der Halluzination, von der Intuition, Spekulation oder von anderen Erscheinungsweisen abzugrenzen, die irgendwie mit dem Begriff Phantasie verbunden sind, scheint doch *eine* Abgrenzung leicht: Phantasie ist keine Realität.

Aber was ist Realität? Ist Realität die Wahrnehmung durch die Sinnesorgane, die, wie wir ja wissen, vielfältigen Täuschungen unterliegen kann? Ist Realität die soziale Übereinkunft, eine bestimmte Erfahrung oder ein bestimmter Zustand sei objektiv, also die soziale Konstruktion der Wirklichkeit?[2] Oder ist Realität das Materielle oder die materialisierte Struktur menschlicher Beziehungen?

Um es in einem Bild auszudrücken: Man kann sich zu einer bestimmten Uhrzeit in einem bestimmten Raum unter bestimmten Umständen befinden und zugleich mit seinen Gefühlen und Gedanken auf einem Phantasieplaneten im All oder als Ritter in ferner Vergangenheit leben. Wo aber ist man – subjektiv – wirklich? Im Hier-und-Jetzt oder im Dort-und-Damals? Oder gar in der Zukunft?[3]

Die Beschäftigung mit dem Thema Phantasie bringt, so scheint es, nur Verwirrung und Unklarheit. Die Phantasie läßt sich als Begriff nicht eindeutig verorten. Sie läßt sich nicht operationalisieren oder gar in ein soziales Kalkühl binden. *Die* Realität dagegen scheint sich gegen alle rationalen Versuche zu sperren, in ihr eine Gesetzmäßigkeit, Logik oder einen Angelpunkt zu finden, an dem man sie dingfest machen kann. Wo man in Politik oder Pädagogik auch hinschaut, kaum eine Entwicklung erscheint sinnfällig und rational, allzuviele Widersprüche lassen eher vermuten, daß die Phantasie im guten wie im bösen Sinne ein bestimmendes Merkmal der Realität ist.[4]

So scheint z. B. der Bildschirm als materielle Komponente eines Videospiels real (eine Projektionsfläche), während das Spiel selbst die Materialisierung einer Phantasie darstellt. Wiederum real erscheint der Spiel*vorgang,* bei dem der Spieler Tasten betätigt, auf Reize reagiert. Sein Sich-Einlassen auf die Spiel*prozesse* dagegen mutet höchst irreal an, *spielt* sich ja alles in seinem Innenleben ab. Ohne die Kenntnis des Sinngehaltes der Spielphantasie käme ein uninformierter Beobachter auf keine Idee, was das *Handeln* des Videospielers tatsächlich bedeutet.

Die *Unterscheidung* zwischen Phantasie und Realität ist offenbar dann sinnvoll, wenn zugleich auch die sinnstiftende *Verbindung* zwischen beiden Erlebnisdimensionen aufgezeigt werden kann. Wozu also sind Phantasien gut, welchen realen Zweck könnten sie erfüllen? Ich möchte mich bei der weiteren Beschäftigung mit dem Thema Phantasie und Realität auf zwei Aspekte beschränken, die mir psycho-logisch, d. h. sinnvoll erscheinen: die Phantasie als Wunscherfüllung und die Gruppenphantasie als Leitmotiv politischer Prozesse.

Wunscherfüllung

Sigmund Freud hat sich als einer der ersten psychologisch mit dem Problem der Herstellung und der Bearbeitung von Phantasien auseinandergesetzt. So hat er z. B. das klassische setting der psychoanalytischen Therapie entwickelt (der Patient liegt auf der Couch, der Arzt sitzt hinter ihm und fordert ihn, den Analysanden, auf mitzuteilen, was ihm einfällt, ohne daß der Analytiker zensiert oder wertet. Die freisteigenden Assoziationen, Phantasien, Bilder der Imaginationen waren für ihn Material, das sich zunächst sinnlos, ungeordnet oder unverständlich aneinanderreihte. Im Zusammenhang mit theoretischen Überlegungen zur Phantasiebildung und der psychischen Entwicklung, insbesondere der neurotischen, stellte es sich aber als höchst sinnvoll und für den therapeutischen Prozeß fruchtbar zu machen heraus. Freud erkannte nämlich, daß in solchen Phantasien Wünsche verborgen sind, die in der Realität unterdrückt und daher dem Bewußtsein nicht zugelassen waren, sei es, daß sie zu sehr beängstigten, sei es, daß sie moralischen Verdikten unterworfen waren, etwa weil sie als „böse" galten. Diese Wünsche betrafen seiner Überzeugung nach in erster Linie aggressive und sexuelle Komplexe.[5]

Solche Wunscherfüllungsphantasien entdeckte Freud in ihrer reinsten Form in Träumen, die ihm seine Patienten erzählten. In seinem Werk „Die Traumdeutung" entwickelte er ein theoretisches Modell, das den Zusammenhang zwischen Phantasien und ihrer „Gefährlichkeit" für die Realität des Bewußtseins ebenso aufzeigt, wie die Techniken der symbolischen Verschlüsselung, derer sich der Schlafende bedient.[6] Die in das Unbewußte verdrängten Wünsche treten symbolisch so in Erscheinung, daß sie, wie im Eingangszitat beschrieben, weder als reale Erfahrung erinnert noch wiedererkannt, gleichwohl mit Erfahrenem kombiniert werden können. Die Phantasie bildet demnach ein wichtiges Ventil für gefährliche Wünsche und zugleich eine verschlüsselte Botschaft für ihre aus dem Bewußtsein ausgeschlossene seelische Repräsentanz.

Mit dieser Definition von Phantasie ist die zwingende Notwendigkeit des Nebeneinander von Realität und Phantasie begründet. Die Phantasieproduktion nämlich, auch die, die wir aus dem schöpferischen Handeln von Menschen kennen, dient zugleich der Befreiung von einer psychischen Spannung. Sie kann jedoch weder vom Träumer oder Künstler, noch vom Betrachter eines Phantasieproduktes ohne die analytische Durcharbeitung hinreichend aufgeklärt werden – wenn der Betrachter auch unbewußt die Wunschphantasien des Künstlers teilen mag. Wahrscheinlich macht gerade das die allgemeine Attraktion eines Phantasieprodukts, eines Kunstwerkes, eines Filmes oder einer Phantasieäußerung aus. Gleichwohl gilt ihr Inhalt als nicht real, selbst wenn Elemente der Realität in ihr erkannt werden können. Eine Phantasie ist somit auch für andere als Identifikations„objekt" für eigene verdrängte Wünsche attraktiv: Man kann die Inhalte der Phantasieproduktion, d. h. die symbolische Darstellung des Gefährlichen, als nicht „wirklich" verharmlosen.

Das Phantasieren hat darin aber auch seinen gefährlichen Aspekt: Das unbewußte Wiedererkennen eines eigenen verdrängten Wunsches in einer fremden Phantasie kann zu einer Verführung werden. Wenn nämlich die Ausgewogenheit zwischen Realität und Phantasie gestört ist, dann scheint eine Grenze überschritten, an der ein Wunsch zu mächtig geworden ist. So kann ein Mensch immer stärker von Phantasien eingenommen werden, oder er wird wenigstens von anderen so wahrgenommen, wenngleich er selbst glauben mag, seine Phantasien seien die Realität. Oder er muß bestimmte Phantasien oder Phantasiestrukturen zwanghaft wiederholen, etwa wie bei der sogenannten Spielsucht.[7] Schließlich kann ein Mensch beziehungs- und lebensunfähig werden, ähnlich wie manche schwer psychisch Kranke, deren Welt ja gerade von irrealen Vorstellungen über ihre Mitmenschen geprägt ist, etwa von Angstvorstellungen, Wahnideen oder anderen *Phantasien* über die Mitmenschen und sich selbst.

Inszenierungen der Lebenserfahrung

Es ist wahrscheinlich einsichtig, daß in der Spiel- und Phantasietätigkeit von Menschen vor allem die Themen zum Ausdruck kommen, die diese Menschen besonders beschäftigen. Wenn beispielsweise Kinder häufige Gewalterfahrungen gemacht haben, werden sie auch in ihren Spielen und in ihrer Vorliebe für Phantasieprodukte eher zu Gewaltthemen neigen. Man kann das Spiel mit Gewalt daher unter zwei Aspekten interpretieren: Zum einen kann es die Wiederholung erlebter Gewalterfahrungen betreffen, die dem Kind möglicherweise nicht einmal bewußt sind. Dieser Aspekt wird vor allem in der Spieltherapie zur Integration traumatischer Erfahrungen in das Bewußtsein der Kinder genutzt. Gelingt eine solche Integration, dann führt dies meist auch zu einer Entspannung bei den Kindern, die sie zur Aufnahme neuer Eindrücke befähigt und ihre Phantasie auch für nicht gewaltsame Themen erweitert. Allerdings ist nicht zu erwarten, daß durch die Integration die vergangene Lebenserfahrungen ungeschehen gemacht werden könnten oder daß es nicht zu neuen Gewalterfahrungen kommen könnte, die sich wiederum in neuen Spielphantasien niederschlagen.[8] Vielmehr ist dieser Aspekt so zu verstehen, daß sich im Spiel eine vielleicht unerkannte Bewältigungsform traumatischer Erfahrungen zeigt.

Der zweite Aspekt, den ich ansprechen möchte, ist der der Rache und Vergeltung. Traumatische Erfahrungen in der Lebensgeschichte verursachen ja nicht nur Leiden und Schmerzen, sondern sie machen auch wütend, z.B. wütend auf den Verursacher. Scheinbar auswegslos für ein Kind ist aber die Gewaltsituation, wenn der Verursacher das geliebte Objekt, z.B. der Vater oder die Mutter ist. Rache und Vergeltung können das geliebte Objekt ja zerstören, obwohl man eigentlich existentiell von ihm noch abhängig ist.[9] Die Verschiebung der Vergeltungs- und Racheimpulse auf symbolische, also im weitesten Sinne phantastische Objekte und das Ausleben der Vergeltungsphantasien im Spiel haben also einen tendenziell kathartischen Effekt. Nicht daß durch das Spiel nun diese Rache- und Vergeltungsgefühle erledigt seien, aber das Spiel kann doch zu einer gewissen momentanen Entspannung führen, bis eine neu aufgebaute Spannung (weil der traumatische Konflikt nicht erledigt ist) zum neuerlichen Agieren in Spiel und Phantasie zwingt.

Es versteht sich von selbst, daß mit zunehmendem Wachstum eines Kindes sich auch die Phantasie- und Spielformen verändern. Das Kind differenziert und vergrößert nicht nur seine Fähigkeit insgesamt, sondern es wird auch in seiner Entwicklungsdynamik jeweils mit neuen „inneren" Themen konfrontiert. So ist z.B. das dreijährige Kind in erster Linie mit seiner Position in dem Familiendreieck Vater-Mutter-Kind beschäftigt. Ein Jugendlicher dagegen muß sich mit Ablösungsproblemen und der Zuwendung zum anderen Geschlecht auseinandersetzen.[10] So wie die Spiel- und Phantasietätigkeit insgesamt gehemmt oder gestört sein kann, kann auch die Entwicklungsdynamik eines Kindes gestört oder verhindert sein. Der Jugendliche, den seine Mutter gerne als Kleinkind behalten hätte, wird sich zwangsläufig mit anderen Themen beschäftigen als ein vergleichbarer anderer Jugendlicher, den seine Eltern schon als Kleinkind eher als Partner angesehen haben. Man kann vermuten, daß sich im ersten Fall die Gewaltphantasien eher um elementare Themen drehen werden (kleinkindhafte Existenz), während im zweiten Fall vielleicht die Partnersuche beim Aufbruch in die Welt eine besondere Rolle spielt.

Wenn man von der Definition ausgeht, daß Gewalt in erster Linie das ist, was das Opfer als Gewalt erlebt, dann wird vielleicht verständlich, warum auch sogenannte normale Kinder sich mit

Gewaltthemen in Spiel und Phantasie befassen.[11] Auch sie erleben ja Einschränkungen, die den Eltern als notwendige Erziehungsmaßnahmen, nicht zu vermeidende Begrenzungen durch die gesellschaftliche Realität oder als Ausdruck einer bestimmten Familienposition erscheinen mögen. Selbst wenn Erziehungsmaßnahmen von Elternseite als nicht gewaltsam intendiert sein mögen, mag sie das Kind dennoch als gewaltsam empfinden und in beschriebener Weise die widerstrebenden Impulse in Phantasie und Spiel ausleben.

Aus der Arbeit mit emotional gestörten Kindern ist bekannt, daß Phantasien über die Welt zu großen Schwierigkeiten der aktiven Lebensbewältigung führen können. Phantastische Vorstellungen über die Größe des eigenen Selbst als reaktiver Wunsch auf elementare Versagungen belegen zum einen die Faszination an der Welt der Superhelden und anderen grandiosen Szenarien.[12] Die Energie dieser Wünsche wird zum anderen an der Wutreaktion auf äußere Begrenzungen deutlich. Sie können – wenn sie nicht behutsam und im Einklang mit einer fördernden Ich-Entwicklung stehen (Hilfs-Ich des Pädagogen) – buchstäblich in wirkliche Mauern führen, wenn nämlich die Phantasien sozialen Handelns allzuweit von den Normen des Umgangs miteinander abweichen.

Bewußtes und unbewußtes Phantasieren

Der Begriff „Vorstellungs*kraft*" läßt vermuten, daß das Phantasieren in der menschlichen Entwicklung an die Herausbildung und Stärkung der Phantasiefähigkeit geknüpft ist. So wäre z. B. Einfühlungsvermögen für die Probleme von Mitmenschen undenkbar ohne die Fähigkeit zu phantasiern. Die Bemerkung „Kannst du dir nicht vorstellen?" weist geradezu auf die Notwendigkeit hin, für menschliche Kommunikation die Fähigkeit zur Phantasiebildung zur Verfügung zu haben. Hier ist Phantasie allerdings als das bewußte Herstellen von bildhaften Szenarien analog zur realen Lebenswelt gedacht und unterscheidet sich damit vom bisherigen Phantasiebegriff.

Solches bewußte Phantasieren bedarf zugleich des höchst Subjektiven aus der eigenen Lebensgeschichte, nämlich der bildhaften Erinnerung zur Herstellung bestimmter neuer (Beziehungs-)Bilder. Vielleicht gestalten sich Verständigungsprozesse zwischen Menschen manchmal deshalb so schwierig, weil diese ihre je *eigenen* Phantasien über den anderen entwickeln. Sie sind ja immer auch durchmischt mit bewußten *und* unbewußten Wünschen, etwa wie der andere sein soll. Hans-Carl Leuner hat mit der Technik des Katathymen Bilderlebens eine Möglichkeit geschaffen, sich dieser bewußten Phantasieproduktion zu bedienen, um unbewußte, verdränge Beziehungserfahrungen in der Realität erlebbar zu machen.[13] Er zeigt, wie es gelingen kann, mit dem gezielten Phantasieren das Verdrängte bildhaft ins Bewußtsein zu holen und damit den „Knoten“ der aktuellen Beziehungsstörung zu lösen. Ähnlich gehen die analytischen Kinder- und Jugendlichentherapeuten vor, die die im Phantasiespiel und der Beziehung zum Therapeuten versteckten Bedeutungen für die Beziehungsstörungen entschlüsseln und diese Entschlüsselungen als Deutungen in den Therapieprozeß einbringen. Zumeist können die Patienten dann ihre ursprünglichen Phantasien über ihre Mitmenschen aufgeben und zu Vorstellungen gelangen, die den realen Erscheinungsformen ihres Gegenüber angemessener sind.

Mit der bisherigen Betrachtung von Phantasie und Realität habe ich mich vorwiegend im Bereich des Individuellen bewegt, wenn auch hier und da schon angeklungen sein mag, wie und warum Individuen so bereitwillig ihre Phantasien austauschen und teilen. Andererseits streiten sie sich auch gerne und häufig über Phantasieprodukte, sei es, daß sie aus einer ungefährlichen Distanz heraus zur Zustimmung oder Ablehnung neigen, sei es, daß sie die Identifikation mit einer Phantasie zur aktiven Bekämpfung einer anderen zu nötigen scheint. So ist z. B. bekannt, daß Feindbilder ein gehöriges Maß an Phantasie enthalten können. Derjenige jedoch, dem ein phantasiertes Feindbild unterstellt wird, wird in aller Regel gegen den Vorwurf, daß er sich einer Phantasie bediene, protestieren und behaupten, es handele sich bei seinen Vorstellungen um Realität.[14]

Phantasien können als Vorlieben für bestimmte Symbolisierungen bzw. dahinter verborgene Wünsche Menschen in mehr oder weniger deutlich voneinander abgegrenzten Gruppen verbinden: Man begeistert sich etwa für einen bestimmten Film (z. B. „Krieg der Sterne“) oder lehnt ihn ab. Sie können aber auch Ausdruck einer geteilten Spannung sein. Man bringt unbewußt etwas Gefährliches gemeinsam zum Ausdruck und wehrt es in einer gemeinsamen Anstrengung ab, wie etwa den „Feind“, den es ja so, wie das phantasierte Bild aussieht, in den seltensten Fällen wirklich gibt. Mit ganz unterschiedlichen Mechanismen kann so in der gemeinsamen Phantasie über Ausschnitte der Realität oder die Realität insgesamt ein Problem (Wunsch, Komplex) von einer Gruppe abgewehrt werden. Die Projektion, daß der „Feind" nicht in der Gruppe, sondern außerhalb von ihr zu lokalisieren sei; die Verleugnung, das innere Problem in der Gruppe existiere überhaupt nicht oder die Verschiebung, andere Gruppen hätten das Problem, das man sich selbst nicht gewünscht hat, sind immer wieder zu beobachtende Abwehrmechanismen in Gruppen.[15]

Der Historiker Lloyd deMause hat das Konzept der Gruppenphantasien als unbewußte Abwehr innerer Gefahren für die aktuelle politische Diskussion fruchtbar gemacht. Mit der Methode der phantasy-analysis hat er gesellschaftlich-politische Strömungen in Amerika untersucht, deren politische Motive als Reaktion auf „Realitäten" kaum die affektiven Stimmungen etwa gegen einen „Zwerg" wie Libyen zu rechtfertigen vermochten, geschweige denn die politischen Entscheidungen der Reagan-Administration: „Wir entdeckten, daß die Amerikaner in den vergangenen zwei Jahren eine Gruppenphantasie entwickelten, nach der nur ein aufopferungsvoller Krieg Amerika von seiner Sündhaftigkeit reinigen könne. Dieser Krieg müsse gegen etwas geführt werden, das man sich als ‚Terroristen/Kommunisten-Netz' vorstellt, ein Feindbild, das aus abgelehnten Teilen des unbewußten Phantasielebens Amerikas geschaffen wurde."[16] Die Sünde, von der man sich früher mittels eines Bockes symbolisch reinigen konnte, vereinigt hier ein ganzes Volk.[17]

Dieser Analyseansatz ist der z. Zt. einzige, der dem nach geht, was man im Allgemeinen den „Ton" nennt, der die Musik macht. Die Phantasieanalyse beschäftigt sich nämlich nicht mit offiziellen Regierungsverlautbarungen, sondern vielmehr mit Präsidentenreden, Mediendokumenten, Karikaturen und Bildern, die in politschen Prozessen verwandt werden. Die Suche nach Symbolisierungen und die Deutungen auf unbewußte Motive hin ergeben erstaunlicherweise einen weitaus plausibleren Zusammenhang zu realen Ereignissen, als die offizielle Mitteilung bewußter Absichten. Sie enthüllen das Unbewußte, ausgedrückt in Phantasien, als mächtige Triebkraft politischen Handelns, provozieren gleichzeitig aber – verständlicherweise – Widerstand, eben weil sich das Bewußtsein gegen das

Vorhandensein verpönter Wünsche sperrt. So gibt es wie in der Psychologie auch in der Politik *zwei* Ebenen, auf denen Pläne geschmiedet werden: die eine der moralisch legitimen Absichten und die andere der „eigentlichen" Motive, die als Unterstellungen oft genug empört abgelehnt werden.

Das Konzept der Gruppenphantasien erlaubt aber auch zu verstehen, warum es zwangsläufig zu Spannungen zwischen Gruppen kommen muß, seien es innergesellschaftliche oder internationale. Wäahrend nämlich die eine Gruppe das „Böse", das Unerwünschte auf die andere Gruppe projiziert, muß sich die andere zur Wehr setzen und bedient sich damit genau des gleichen Mechanismus. Damit scheint sie nun allerdings fatalerweise die Phantasien der anderen Gruppe zu bestätigen und zementiert deren Position. Das Argument, die „einseitige Abrüstung" sei eine nicht zu erfüllende politische Phantasie, bestätigt weniger, wie gefährlich die andere Gruppe wirklich ist, sondern vielmehr wie notwendig man an den eigenen Vorstellungen festhalten muß. Lloyd deMause hat in seinen psychohistorischen Analysen aufgezeigt, welche katastrophale Folgen dieses Kleben an den eigenen Phantasien haben kann, wenn dazu ein „äußerer" Druck kommt (z.B. die ökonomische Lage eines Landes), der die Phantasien in Form eines „befreienden" Krieges Realität werden läßt.[18] Gerade der Ausbruch von Kriegen läßt sich ja mit rationalen Gründen kaum belegen. Es sind Phantasien, die, bis zur Unerträglichkeit gesteigert, politische Entscheidungen vorantreiben, zumal wenn sie, wider alle Vernunft und Menschlichkeit, Profit versprechen.

Menschheitsbilder

Beim Thema Phantasie darf ein Aspekt nicht fehlen: der des Archetyps.[19] Es ist auffallend, daß sich in vielen Gewaltphantasien Personen, Spielstrukturen, Handlungsorte und Spielabläufe wiederholen, die mehr oder weniger mit historischen und mythischen Vorbildern übereinstimmen. Genau genommen lassen sich etwa aus der Vielfalt der bekannten Phantasiespiele einige wenige grundsätzliche (archetypische) Themen und Figuren herausdestillieren, wie sie in Geschichte und Mythologie über Jahrtausende hinweg immer wieder vorkommen, etwa der Mythos der „Heldenreise". Auch wenn sie auf der Höhe der jeweils gesellschaftlichen Entwicklung eine ganz bestimmte Erscheinungsform angenommen haben, mit ganz unterschiedlichen Aspekten aus unterschiedlichen Zeiten vermischt sind, so spiegeln sich doch in den wenigen typischen Spielhandlungen die Grundprobleme menschlicher und sozialer Existenz.[20]

Der Blick auf die Märchenforschung und die Mythologiediskussion zeigt, daß es immer schon Geschichten und Figuren gegeben hat, in denen sich menschheitliche Schicksale spiegelten. Dies meint weniger das reale Leben im Hier-und-Jetzt, sondern die zentralen Erlebnisbereiche in den wichtigsten Beziehungen (Geschwister, Eltern, Partner). Die sogenannten Phantasiereisen sind ein beredtes Beispiel dafür, wie sich heute Menschen in phantasierte Erlebniszusammenhänge begeben, um zu zentralen Problemen, aber auch zu zentralen Lösungen vorzudringen.[21]

Je weniger entwickelt das menschliche Individuum ist, desto archetypisch eindeutiger, desto elementarer sind auch die interessierenden Beziehungszusammenhänge und Themen. So spielt für das ganz kleine Kind die Unterscheidung zwischen der guten und der bösen Figur eine hervorragende Rolle, während dieser Unterschied für ältere Kinder erheblich ausdifferenziert und mit den verschiedensten Zwischenrollen ausgestattet ist.[22] Auch dies entspricht wieder den realen Beziehungserfahrungen, die sich ja aus sehr einfachen Körpervorgängen wie Essen, Trinken, Schlafen zu hochentwickelten Beziehungsinhalten in späteren Altersabschnitten herausdifferenzieren. Das Phantasiespiel und vor allem das Spiel mit Gewalt, die es gegen die „finsteren Mächte" im Leben auszuhalten oder auszuteilen gibt, bildet somit zur Realität ein elementares Pendant. In ihm können Wünsche artikuliert und Gefahren auf Probe bestanden werden. Das Phantasiespiel hebt zugleich alle die Impulse auf, die auf bisher unerklärliche Weise und scheinbar unabhängig von historischen Bezügen im menschlichen Sein zur Artikulation drängen. Sie transportieren das Stück Magie, das die Zivilisation in ihren aufgeklärten Aspekten überwunden zu haben glaubt. Gerade das Irrationale ist aber wahrscheinlich nicht weniger für das Hier-und-Jetzt verantwortlich, als die menschlichen Fähigkeiten des bewußten Seins.

Wunsch und Wirklichkeit

Insofern die Phantasien unbewußte Wünsche transportieren, enthalten sie zugleich auch den Impuls und den Hiweis, daß der verdrängte Wunsch Wirklichkeit werden soll. Sie enthalten somit einen Entwurf für die *Zukunft,* ohne daß sie in der *Gegenwart* bereits gefährlich wären. Der phantasierende Mensch oder das spielende Kind befindet sich zwar in einer Spielrealität und in einer inneren Phantasie. Der außenstehende Beobachter jedoch, der die Botschaft und die Gefahr des verhinderten Wunsches erkennt, wenn vielleicht auch „nur" unbewußt, ist doppelt betroffen. Zum einen ahnt er um das im wahrsten Sinne des Wortes Verheerende, zum anderen – gerade weil er die Botschaft erkennt – wird in ihm dieselbe unbewußte Phantasie, derselbe unbewußte Wunsch angesprochen. Er selbst ist in Gefahr, sich dem Verdrängten in ihm aussetzen zu müssen, was ja gerade deshalb verdrängt wurde, weil es gefährlich war.

So ist der Beobachter in doppeltem Sinn daran interessiert, die Phantasien des Gegenüber dort zum Verschwinden zu bringen, wo er sie als eine potentiell gegen ihn gerichtete Realität wahrnimmt. Dieses Erkennen macht es z. B. beim Thema Videokriegsspiele so schwierig, eine angemessene Einstellung oder ein angemessenes Verhalten dazu zu entwickeln. Das Videokriegs*spiel* ist keine Realität, es ist Spiel. Und doch ist es Realität, weil es den unterdrückten Impuls von Feindseligkeit, Haß und Zerstörungslust zum Ausdruck bringt; weil es zeigt, daß diese Wünsche existieren und daß es gleichzeitig andere Menschen gibt, die diese Szenarien nicht nur auf dem Bildschirm, sondern vielleicht im Sandkasten oder gar im Manöver „spielen".

In der Vorstellungskraft hat sowohl die Angst (angegriffen und vernichtet zu werden) als auch die Aggression (zu unterdrücken und zu beherrschen) ihren Platz. Nicht nur die Vergangenheit, sondern auch die Gegenwart zeigen, daß diese Phantasien zu bestimmten historischen Bedingungen in Realitäten umschlagen. So enthält das Videospiel die vielleicht unbewußte Botschaft, daß die feindseligen Wünsche wahr werden können. Die Faszination des Spielers an dem Spielszenario deutet zugleich auf einen Affektanteil hin, der zur unbewußten Phantasie des Videospiels führt. Nur ist dieser Affektanteil möglicherweise an Beziehungserfahrungen geknüpft, die mit einer anderen „Welt“ zu tun haben als mit der, die im Videospiel vernichtet wird. Es könnte nämlich der Hinweis auf die Welt sein, in der der Spieler ehemals seine Wünsche und Phantasien hat ins Unbewußte abdrängen müssen. Auch hier zeigt die Erfahrung mit psychoanalytischer Therapie, daß sich in der Tat die grandiosen Angst- und Aggressionsphantasien auf die Erlebnisse in der Kindheit zurückführen lassen, die für das damalige Selbst in Konfrontation mit den mächtigen Erwachsenen nicht weniger grandios und beängstigend waren.[23]

Die Beschäftigung mit der Phantasie, etwa mit dem, was ein Spielszenario an Vorstellungen auslöst, bezieht sich also entweder auf die Zukunft, was möglich wäre, oder auf die Vergangenheit, die in die Gegenwart nachwirkt. Die Beschäftigung mit dem Spielinhalt als dem Ausdruck dieser Phantasie läßt aber, und das ist typisch für die Beschäftigung mit Phantasien, die Hier-und-Jetzt-Situation vollständig aus dem Blick. Sie schweift ab in das Ausmalen bestimmter Ängste oder in die Rückerinnerung an vergangene Erlebnisse. Sie führt eben genau zu jener Spaltung zwischen innerer und äußerer Realität, die ich anfangs beschrieben habe. Und hier wehrt sich der Phantasierende zu Recht gegen den, der ihm das Phantasieren nehmen will. Denn letzterer reißt den Phantasierenden aus der Zeitlosigkeit in die Zeit zurück, er nimmt ihm seinen Raum, ja er bestraft ihn vielleicht sogar für etwas, was der Strafende als einen unerfüllten Wunsch bei sich selbst erkennt. Damit kann allerdings aus phantasierter Feindseligkeit das Gefühl realer Feindseligkeit werden: Grund genug, erneut Verteidigungs- oder Rachephantasien zu produzieren.

Dies führt mich zu einem letzten Gedanken in der Diskussion um Gewalt in der Phantasie. Da z. B. das Spiel *miteinander* Beziehungsprozesse zuläßt, deren Folgen keinen Ernstcharakter haben (wenngleich eine schlimme Spielerfahrung durchaus reale Konsequenzen für einen Spieler haben kann), sind auch legitimierte Abstufungen von Aggression oder Gewalt in den Spielbeziehungen möglich. Es gibt eine ganze Reihe gesellschaftlich hochlegitimierter Spiele mit unterschiedlichem Abstraktionsgrad von Gewalthandlungen, etwa Brettspiele, die die Verfolgung und Ahndung von Gewalthandlungen zum Thema haben (Scotland Yard) bis hin zur abstrakten Abbildung feudalistischer Gewaltauseinandersetzungen, dem

Schachspiel. Und, um einen anderen Spielbereich zu nennen, der Sport bietet ebenfalls eine ganze Palette von sanften bis höchst gewaltförmigen Spielarten, bei denen es auch um reale Verletzungen geht mit dem Ziel, den Gegner zu besiegen. Ich will mit diesen Beispielen darauf hinweisen, daß das, was man als Gewalt in Phantasien erkennt, zugleich auch immer abhängig ist von der moralischen Bewertung von Beziehungsgeschehen. Donata Elschenbroich spricht in diesem Zusammenhang von der sogenannten Peinlichkeitsschwelle, ab der von Gruppen innerhalb der Gesellschaft oder in der Gesellschaft insgesamt bestimmte Symbolisierungen von Beziehungsverhältnissen nicht mehr geduldet werden.[24] Diese Schwelle kann bei verschiedenen Menschen sehr unterschiedlich hoch sein, selbst wenn sie ein Spiel nur aus der Distanz betrachten, anstatt beteiligt zu sein.

Peinlich berührt sein bedeutet aber zugleich, an ein Tabu gestoßen zu sein, etwa im Sinne der Entdeckung einer geheimen Absicht: Es kann nicht sein, was nicht sein darf. Je weniger man bereit ist, sich mit phantasierter Gewalt konfrontieren zu lassen, desto wahrscheinlicher erscheint mir, daß sich die Gewalt in den realen Beziehungen ihren Weg suchen muß. Dazu ein abschließendes illustrierendes Beispiel: In einer konfessionellen Kindertagesstätte waren bisher, vor allem zu Fasching, Revolver und andere Mordgeräte erlaubt. Die Erzieherinnen waren zwar nicht begeistert, tolerierten aber quasi notgedrungen die Waffenbegeisterung der Jungen. Als eine neue Leiterin die Tagesstätte übernahm, führte sie ein striktes Waffenverbot ein. Sie hatte dabei die Unterstützung der Eltern und die, wenn auch innerlich nicht vollständig geteilte Zustimmung der Mitarbeiter. Nach kurzer Zeit begannen sich jedoch die gewaltsamen Konflikte zwischen den Kindern zu häufen. Das ehemals friedliche Gesamtklima in der Kindertagesstätte war einer aggressiven Spannung gewichen. Es konnte erst wieder verbessert werden, nachdem in einer Supervision den Erzieherinnen und der Leiterin der Zusammenhang zwischen phantasierter Gewalt und Spannungsauslösern in der Realität klar wurde. Heute sind zwar Spielzeugwaffen in diesem Kindergarten wieder erlaubt. Die Mitarbeiter konnten aber die (Beziehungs-)Verhältnisse so weit verbessern, daß es nur noch selten zu „Schießereien“ kommen muß.

He-Man, Skeletor und die Herren des Universums

Wir, die Kinder von gestern

Zunächst eine grundsätzliche Bemerkung: Ich nehme an, jeder hat in seiner Kindheit irgendwann einmal – ob verboten oder erlaubt – mit Sagenfiguren, Hexen und Dämonen, Zauberern und Riesen, aber auch mit strahlenden Helden und ihren Helfern Bekanntschaft gemacht. In den Märchen etwa sind wir Menschen begegnet, die belogen, betrogen und dann totgeschlagen, die verraten, verlassen und dann abgeschrieben wurden. Wir haben fasziniert vom Tod im Kamin, vom Ende im Schmiedefeuer, von Mordanschlägen von Schwiegermüttern, vom blauem Bart und Mädchenblut gehört und gelesen.[1] Die Beschäftigung damit haben wir zum größten Teil aufgegeben, u. a. weil wir größer geworden sind und die Vielschichtigkeit von Gut und Böse, von Erfolg und Mißerfolg, von Hoffnungen und Enttäuschungen im täglichen Erleben und Handeln mit unseren erwachsenen Fähigkeiten zu meistern gelernt haben. Wir lassen uns zwar auch heute noch gerne von Allmachtsphantasien faszinieren, erkennen in Schurken und Engeln aus Theater oder Fernsehen unsere Wünsche und unsere Ideale wieder, aber – wir haben eben zwischen Phantasie und Realität zu unterscheiden gelernt. Wir haben genügend Kräfte, um den Verlockungen des Bösen, des Ungesetzlichen, des Verletzenden, des Triebhaften zu widerstehen.[2] Unsere Kinder jedoch? Sie befinden sich heute an der Stelle, die wir überwunden zu haben glauben. Sie beschäftigen sich mit Gut und Böse, Macht und Ohnmacht wie einst wir, die wir das auch nicht immer mit Billigung unserer Eltern getan haben.

Heute sind *wir* besorgt. Hier und heute können wir uns aber bemühen, aus der Sorge kein Verbot machen zu müssen, das, wie man weiß, Kinder nur wenig von ihrer Faszination abhält. Viel wahrscheinlicher ist, daß ein Verbot Angst macht und zugleich die Phantasien von allmächtigen Helden oder das Gebanntsein von dunklen Herrschern nur noch vergrößert. Was aber können wir tun? Was müssen wir tun?

Zuallererst müssen wir etwas von dem verstehen lernen, was wir beeinflussen wollen. Dann können wir vielleicht ohne großen Aufwand selbst die richtige Entscheidung finden. Worum geht es also bei den Masters-Figuren, was macht sie so attraktiv für unsere Kinder, und was bedeutet diese Attraktion für ihre psychische Entwicklung?

He-Man

„Ich bin Adam, Prinz von Eternia, Hüter und Verteidiger der Geheimnisse von Schloß Grayskull. Das ist mein furchtloser Freund Gringor. Die geheimen Zauberkräfte von Schloß Grayskull gehen auf mich über, wenn ich mein magisches Schwert in die Luft halte und laut ausrufe: Bei der Macht von Grayskull. Ich habe die Zauberkraft. Gringor verwandelt sich dann in einen mächtigen, furchtlosen Kampftiger, und ich werde zu He-Man, dem stärksten Mann des Universums. Nur drei andere Bewohner unseres Planeten teilen mein Geheimnis, Zoa, die Zauberin, der Waffenschmied und Orko. Gemeinsam verteidigen wir Schloß Grayskull gegen die bösen Mächte von Skeletor.“[3]

He-Man, der Held der Masters-Figuren, ist der etwas verträumte Prinz Adam, der in Zeiten der Bedrohung durch Skeletor, den Herrscher der Unterwelt, übermächtige Kräfte entwickeln kann und mit seinen Freunden in endlosen Abenteuern immer wieder die Oberhand behält. Obwohl sich die Mächte des Guten und des Bösen ständig neue Kämpfe und Schlachten liefern, wird keiner der Beteiligten verletzt; es stirbt niemand. Es sieht aus, als ginge es nicht um das Abbild einer realen Kampfhandlung, sondern eher um den Kampf eines Prinzips, das sich gegen ein anderes Prinzip durchzusetzen versucht. Dafür spricht, daß die Geschichten um He-Man raum- und zeitlos sind, Zeitsprünge sind keine Seltenheit, die Ereignisse spielen sich fern von der Erde in fremden Welten ab. Die Darsteller im Masters-Szenario sind eine Mischung von Menschen, Androiden und Tieren, die unabhängig von realen Möglichkeiten miteinander kommunizieren und handeln. Alles in allem also eine Märchenwelt in Plastik, zugeschnitten auf ein Abbild heutiger scheinbar unbegrenzter technischer Möglichkeiten und zugleich mit Gestalten, die in der griechischen Mythologie ebenso wiederzufinden sind wie in Abbildungen des Mittelalters.

He-Man, der verträumte Prinz, ist – und diese Eigenschaft teilt er mit Superman und anderen Helden aus Märchen und Science Fiction – ein geschlechtsneutraler Muskelprotz, der in höchster Not per Magie seine Kräfte aktiviert. Ich sehe da vor mir einen verträumten kleinen Jungen, der genau diese Eigenschaften nicht hat und der, herausgerissen aus seinen Träumen durch die Erfordernisse eines Erwachsenenalltags, sich nach solchen Fähigkeiten sehnen könnte. He-Man könnte das Ideal seines grandiosen Selbst sein, und in Skeletor kann dieser Junge auch den finden, der ihm das Böse einbrockt. Denn er möchte ja ein lieber Junge bleiben, der tapfer gegen seine Wut kämpft, wenn er etwas soll, was er nicht will. Nicht etwa, daß ein Junge die Figuren in bewußter Absicht *so* benutzt, vielmehr entsprechen die Eigenschaften der Figuren den polaren Gefühlen in seinem unbewußten inneren Kampf zwischen Willen und Moral. He-Man und Skeletor symbolisieren die unbewußten Auseinandersetzungen zwischen inneren Ansprüchen und äußeren Begrenzungen. Man kann also die Beschäftigung mit den Masters-Figuren im Phantasiespiel als eine Inszenierung innerseelischer Konflikte zwischen sehr widerstrebenden Motiven begreifen.

Gut und Böse ohne Abstufungen

Die Gefühlswelt von ganz kleinen Kindern ist noch sehr polar, Ambivalenzen noch nicht entwickelt. Bruno Bettelheim schreibt dazu: „Mit Doppeldeutigkeiten muß man warten, bis aufgrund positiver Identifikationen eine relativ feste Persönlichkeit entstanden ist. Erst auf dieser Grundlage kann das Kind erkennen, daß große Unterschiede zwischen den Menschen bestehen und daß man sich deshalb entscheiden muß, wem man gleichen möchte. Diese grundlegende Entscheidung, die für die gesamte spätere Persönlichkeitsentwicklung entscheidend ist, wird durch die Polarisierung im Märchen leichter gemacht.“[4]

Die Entwicklung von Kindergartenkindern vollzieht sich entlang der primären Erfahrungen mit bedeutsamen Erwachsenen, in der Regel mit Vater, Mutter und Kindergärtnerin. Sie sind Menschen, die in irgendeiner Weise Macht über das Kind haben, und je kleiner Kinder sind, desto krasser erfahren sie den Machtunterschied, desto stärker sind sie auf eine Kompensation des Machtgefälles in der Phantasie angewiesen. Diese Kompensation kann z. B. nötig werden, wenn ein Kind die Größe eines Erwachsenen als Kränkung seiner eigenen Größenphantasien erlebt, so wie wir den Schreck verdauen müssen, wenn wir plötzlich jemand sehr viel Größerem begegnen. Daraus erklärt sich nicht nur die Faszination an großen starken Helden, sondern auch „Tom und Jerry", der kleinen Maus, der es immer wieder gelingt, die große Katze reinzulegen.[5]

Je jünger Kinder sind, desto gravierender können sie die Macht der „bösen" Eltern erleben, etwa wenn diese ihnen ihre elementare Bedürfnisbefriedigung (Essen, Trinken, Schlafen, Bewegungsfreiheit usw.) parteill versagen. Je verletzender eine solche Versagung ist, desto eher ist zugleich wahrscheinlich, daß sich die Aufspaltung zwischen „Ich bin gut" und „Die anderen sind böse" auch bis in die späteren Lebensphasen hält, unabhängig davon, daß ein solches Kind vielleicht tatsächlich „böse" Dinge tut. Man nennt dies die Fixierung einer Entwicklungsstufe, die als Störung unter veränderten Entwicklungsbedingungen gar nicht in Erscheinung treten muß, sich aber zu einem zentralen Lebensproblem auswachsen kann, wenn sich die verletzenden Erfahrungen für ein Kind fortsetzen. Größenphantasien können dann nicht aufgegeben werden und führen zwangsläufig zu Kränkungen.

Einerlei ob es zur Fixierung kommt oder nicht, die Phase der frühen Kindheit ist von solchen unbewußten Aufspaltungen in Gut und Böse bestimmt, die dadurch überwunden werden, daß die bewußten Fähigkeiten, die Ich-Funktionen, des Kindes wachsen, sich differenzieren und einer Erlebnisbreite weichen, die alle Schattierungen und Mischungen von Gut und Böse kennt. Zugleich nehmen die realen und existentiellen Erfordernisse und Anforderungen an ein Kind zu. Es entwickelt seine Persönlichkeit hin zum Erwachsenen, so daß auch neue Phantasien entstehen.

Magie als Hilfe für das schwache Ich

Noch eine weitere Aufspaltung scheint in der psychischen Entwicklung der Menschen notwendig, aber auch hilfreich zu sein. Da ein Kind ja erst nach und nach lernt, an den Erfordernissen des Alltags gemessen seine Bedürfnisse zurückstellen zu müssen, etwa mit Geschwistern zu teilen, muß es zugleich auch Mechanismen entwikkeln, die ihm helfen, mit dem Ansturm seiner heftigen Wünsche und triebhaften Impulse fertigzuwerden. Solche Impulse gelten im allgemeinen als unerwünscht, sei es, daß sie ungehemmt für Mutter, Vater und Kindergärtnerin nur für einen gewissen Zeitraum erträglich sind, sei es, daß sie die „Rache" für frühere Versagungen enthalten. Die angemessene soziale Lebensform, das Austarieren von eigenen Wünschen und Wünschen anderer sind nicht von Geburt an vorhanden. Wir Erwachsene vergessen zu oft, daß man vom Verstand der Kinder nicht verlangen kann, er solle wie unser eigener funktionieren –" ... als müßten das Verständnis für uns selbst und die Welt genauso wie unsere Vorstellungen vom Sinn des Lebens nicht gleich langsam heranreifen wie unsere Seele und unser Körper."[6]

Die Mächte des Unerwünschten, des Bösen, die immer wieder hochdrängen, das Gute bzw. das Selbst in seinen Besitz zu bringen, müssen bekämpft werden. Sie können aber nicht vernichtet werden, weil sie immer da sind, weil es diese Spannung zwischen triebhaften Impulsen und einschränkender Realität während des ganzen Lebens geben wird. Die Kräfte des Bösen, die Einschränkungen von außen, können von den noch vergleichsweise schwachen Kräften des Kindes nur mit Hilfe von Magie in Bann gehalten werden. Es ist ein Zeichen aller Supermänner, daß sie sich in Situationen äußerster Not nur mit Hilfe von Magie retten können. Die Teilhabe an der Magie der Superhelden und der Superbösewichte kann daher die tiefen Affekte in der Auseinandersetzung zwischen Gut und Böse binden. Später werden andere Kräfte im jungen Menschen diese Aufgabe übernehmen, etwa wenn bei unterstützender und fordernder Erziehung zugleich andere Fähigkeiten als das Phantasiespiel in den Vordergrund des Kindes rücken (z.B. die Auseinandersetzung mit der Gleichaltrigengruppe). Doch solange die eigene Kraft noch nicht reicht...

Wenn zum schwachen Ich später tatsächliche Macht kommt...

He-Man und seine Welt bilden diese seelischen Spannungen zwischen Gut und Böse so ab, daß ihr Kampf ein Märchen bleibt und gefahrlos und beliebig oft neu inszeniert werden kann. Zugleich bewegen sich die Spielfiguren mit den Kampfmitteln der heutigen Zeit nah an dem, was ja auch Erwachsene mit positiven Phantasien für ein Paradies verbinden und mit negativen für eine Hölle, mit deren Mitteln die Welt vernichtet werden könnte. Obwohl Erwachsene, vor allem Männer, mit Macht daran arbeiten, sich gegen Gefahren aus dem All zu schützen, häufen sie zugleich Gefahrenpotentiale mehrfacher Weltvernichtung an. Wie so oft gab es auch hier vor der Realität der Erwachsenen die kindliche Phantasie, ebenfalls von Männern produziert: das Science Fiction-Märchen von George Lucas, „Krieg der Sterne", mit dem Superhelden Luke Skywalker, der gegen den Imperator im Reich des Bösen erfolgreich zu Felde zieht (die „Masters"-Figuren haben inzwischen die „Star-Wars"-Figuren an Beliebtheit übertroffen). Der Verteidigungsschirm, um den im dritten Teil des *Films* („Die Rückkehr der Jedi-Ritter") gekämpft wird, hat den ehemaligen Schauspieler Ronald Reagan zu der Begeisterung für die strategische Verteidigungsinitiative animiert, an der ernsthafte Wissenschaftler und Politiker arbeiten.

Schaden sie nun oder schaden sie nicht?

Niemand kann genau sagen, ob dieses oder jenes Spiel, das ein Kind in der Kindheit gespielt hat, schuld an einem späteren Schaden ist. Dazu ist das Spiel als Phantasie*tätigkeit* im Vergleich zu dem, was in einer Lebensgeschichte überhaupt alles geschehen kann, viel zu bedeutungslos. Von entscheidender Bedeutung ist allerdings, wie man als verantwortlicher Erwachsener mit den Spiel*phantasien* eines Kindes, mit den Äußerungen seines Unbewußten umgeht. Ein letztes Mal Bruno Bettelheim: „Das Unbewußte ist eine mächtige Determinante des Verhaltens beim Kind wie beim Erwachsenen. Wenn das Unbewußte unterdrückt wird und sein Inhalt nicht ins Bewußtsein treten darf, wird entweder das Bewußtsein im Laufe der Zeit teilweise mit Derivaten dieser unbewußten Elemente überschwemmt oder diese müssen unter so starrer, zwanghafter Kontrolle gehalten werden, daß die Persönlichkeit dabei ernsthaften Schaden erleiden kann. Wenn das unbewußte Material jedoch bis zu einem gewissen Grad ins Bewußtsein treten und in der Phantasie durchgearbeitet werden kann, verringert sich die Gefahr, daß es uns selbst oder anderen Schaden zufügt. Dann kann ein Teil seiner Kräfte positiven Zwecken dienen." Bei vielen von uns „... herrscht jedoch die Meinung vor, man müsse ein Kind von dem, was es am meisten bedrückt, ablenken, also von seinen gestaltlosen, namenlosen Ängsten und von seinen chaotischen, zornigen oder auch gewalttätigen Phantasien." Die meisten Pädagogen „... glauben, man sollte das Kind nur mit bewußter Wirklichkeit oder angenehmen, wunscherfüllenden Bildern konfrontieren, ihm also nur die Schokoladenseite der Dinge zeigen. Aber eine solche einseitige Wegzehrung nährt die Persönlichkeit auch nur einseitig, und das wirkliche Leben hat Schattenseiten."[7]

Wenn das Spiel mit den Masters-Figuren ein Kind mehr als vergleichbare andere Kinder in diesem Alter beherrscht, wenn das Kind einseitig daran festhält, obwohl die Gleichaltrigen längst zu anderen Spielen übergegangen sind, dann muß man vielleicht etwas genauer hinsehen, warum dieses Kind von dem Bann nicht loskommt. Dann muß man fragen, was es mit diesem Zwang ausdrückt. Diese Überlegungen gehören dann allerdings in eine Einzelberatung.

Phantasievolles Abbild von Gruppenrealität

Ich möchte zuletzt noch ein praktischeres Beispiel nennen, das die Phantasieinhalte der Masters-Geschichten als Abbild der Gruppenrealität im Kindergarten zeigt. Es macht zugleich deutlich, daß Mädchen das Gleiche wie die Jungen auf eine andere Art ausdrücken.

Mehrere Jungen sind mit dem Verteilen der Rollen im Masters-Spiel beschäftigt. Peinlich genau wird ausgehandelt, wer welche Figur führen darf. Es kann zwar nur einen He-Man geben, aber ohne Helfer nützt ihm auch seine Zauberkraft nicht viel. So kann im Verhältnis zu He-Man jeder Junge in der Gruppe die Rolle finden, die zu ihm paßt, alle haben die gleichen Grundorientierungen.

Schließlich sind alle mit ihren Figuren und ihren Rollen zufrieden. Dann veranstalten die Jungen spielerische Attacken auf die Mädchengruppe, die in einer anderen Ecke des Raumes spielt. Diese Attacken haben rituellen Charakter, weil sie in gewissem Sinne stereotyp geführt werden und die Jungen sich, nachdem sie die Mädchen vermeintlich erschreckt haben, erfolgreich in ihr Schloß „Grayskull" zurückziehen. Die Jungen sind also mit dem Kampf im Raum beschäftigt. Ihre Aggressivität ist nach außen, gegen Wesen des fremden Geschlechts gerichtet.

Die Mädchen dagegen spielen Schwarzwaldklinik. Sie bleiben drinnen im Operationssaal, stellen aber eine ähnliche Auseinandersetzung um Kampf und Sieg, Leben und Tod dar: Die einen operieren auf eine z.T. sehr aggressive Weise an ihren Patienten herum. Sie dringen mit Messern und Scheren in ihn ein, um dort das Krankhafte, das Böse zu vernichten, anschließend wird der Patient gepflegt und bemuttert. Die Aggressionsrichtung der Mädchen geht nach innen, in den Körper. Das Böse sitzt innen. Aber auch Mädchen lassen schließlich das Gute siegen. Am Ende ist ihr Patient wieder gesund!

Phantasie und Kommerz

Der bis hierher vielleicht verständlichen Begeisterung von Kindern für die Masters-Figuren steht die Abscheu vieler Eltern und Erzieher gegenüber. Sie machen sich Sorgen um die Holzschnittartigkeit von Beziehungsverläufen im Masters-Spiel, die so ganz und gar den erzieherischen Interessen nach differenziertem und vor allem gewaltfreiem Umgang miteinander entgegenzustehen scheinen. Sie ärgern sich nicht zuletzt über den suchtartigen Anziehungscharakter der Figuren, der die Kinder das letzte Taschengeld opfern läßt, zu unangemessenen Geldforderungen an die Eltern führt oder im sozialen Netz der Kinderfreundschaften einen heftigen Druck ausübt (was mein Freund hat, muß ich auch haben). Und was die Ästethik betrifft, sind sich die meisten Eltern und Erzieher einig: eine Katastrophe.

Hinter He-Man und Skeletor steckt ein Spielwarenproduzent, der diese Figuren mit allen psychologischen und kommerziellen Mitteln anbietet. Er kann sich der Begeisterung der Kinder sicher sein, kommt aber letzten Endes nicht an dem Widerstand der Erzieher vorbei. Der aus diesem Spannungsverhältnis entstehende „Feldzug“ zwischen „Spiel-gut“-Initiativen und den Masters-Figuren ist jedoch letztlich nicht mit pädagogischen Argumenten allein zu gewinnen. Ob nämlich diese Figuren angeboten werden *sollen* oder nicht, ist nicht eine ausschließlich pädagogische Frage, sondern auch eine politische. In politischen Gremien nämlich müßte entschieden werden, was eine Gesellschaft zu tolerieren bereit ist und was nicht, welche (Spiel-)Gegenstände sie für wünschenswert und gut und welche sie für schlecht (und böse) hält. Diese Entscheidung ist in die Familie verlagert, so daß im gesellschaftlichen Kontext eine größtmögliche Freiheit von Angebot und Nachfrage herrschen kann. Diese Freiheit schafft die familiäre Spannung, einerseits die Orientierung setzen zu müssen, damit die Kinder Maßstäbe entwickeln können, die ihnen bei ihrem inneren Konflikt zwischen Gut und Böse helfen. Andererseits nährt sie Tendenzen, sich dieser höchst unangenehmen Aufgabe, nämlich gegen die innere Kraft der Kinder anzukämpfen, zu entledigen. Wenn es die Figuren nicht gäbe, wenn sie also z. B. verboten würden, würde – so hoffen viele – der Konflikt zwischen Gut und Böse in der Familie gar nicht entstehen. Das unästhetische Böse wäre aus der Familie verbannt, die Familie selbst gut und in Ordnung. Die Unterdrückung von schlimmen bösen Gefühlen innerhalb der Familie würde allerdings zu ganz erheblichen Schuldgefühlen führen, die sich im schlimmsten Fall als Aggressionen gegen die eigene Person oder als unerklärlicher Gefühlsausbruch möglicherweise noch an einem anderen Ort und zu einer anderen Zeit entladen. Der Preis für ein Verbot oder eine stärkere Kontrolle über die Herstellung von Spielwaren wäre darüber hinaus eine Reglementierung, die auch Erwachsene empfindlich treffen könnte. Denn auch unter ihnen gibt es viele (vielleicht sogar die Mehrheit), die an der dunklen (und unästhetischen) Seite der Macht großen Gefallen finden, erfreulicherweise nur in der Phantasie. Das tägliche Fernsehprogramm gibt beredte Beispiele dafür.

Eine andere Frage ist, ob Kinder die Masters-Figuren brauchen, ob das Hersteller-Argument gerechtfertigt ist, daß mit diesen Figuren ein pädagogisch wertvolles Konzept angeboten werde. Die Antwort lautet: Nein. Auch ohne Masters-Figuren können Kinder gesund aufwachsen und ihre inneren Spannung zwischen Gut und Böse im Verlauf ihrer Entwicklung ausbalancieren lernen. Kindliche Phantasie ist grenzenlos und bedient sich dessen, was angeboten wird. Sie erfährt nur dort eine Einschränkung, wo sie bestimmte Bilder nicht produzieren darf, etwa weil diese (wie bei den Masters-Figuren) von den Erwachsenen nicht geduldet werden. Die Freiheit oder die Einschränkung aber ist von einem *bestimmten* aktuellen Bilder-(und Figuren-) Angebot unabhängig. Denn wenn es nicht die Masters-Figuren sind, dann sind es andere Bilder aus der Umwelt, die auf die inneren Motive der Kinder passen. Und solange Erwachsene selbst von den Spannungen zwischen Gut und Böse nicht frei sind, werden sie immer genügend Bilder produzieren, ob für sich oder für ihre Kinder, ob in der Realität oder in Märchenphantasien.

Horror- und Gewaltvideos

Das gemeinsame Anschauen von Horror- und Gewaltvideos ist z. Zt. eine von vielen typischen Freizeitaktivitäten Jugendlicher. Was steckt hinter der Faszination, die Bluträusche und bestialische Gewalt auf Jugendliche ausüben, und welche Motive verbinden die Jugendlichen zu einer Gruppe vor dem Fernsehschirm? Ich werde diesen Fragen anhand der für den Übergang vom Kind zum Erwachsenen bedeutsamen psychischen Vorgängen nach gehen. Dabei werde ich besonders auf den Aspekt der Gewalt und des Sadismus gegen Frauen eingehen, der in den meisten Filmen dieses Genres im Vordergrund steht. Ich werde diesen Aspekt an Einzelbeispielen untersuchen, weil die Beliebtheit der Filme sehr von ihrer jeweiligen Aktualität abhängt und die Themen der Filme weit streuen (von kannibalistischen Zombies bis zu korrupten Selbstjustiz-Polizisten).

Abnabelung: Ritualisierung des Übergangs

Die Tatsache, daß sich junge Menschen am Umbruch zwischen Kindheit und Jugend in Gruppen zusammenfinden und dort bestimmte Rituale entwickeln, und daß dies in dieser Lebensphase in allen Kulturen zu beobachten ist, verweist auf einen allgemeinen transkulturellen und überindividuellen Ursprung innerhalb der menschlichen Psyche bzw. der menschlichen Entwicklung, ohne daß von außen bestimmende Ereignisse hinzukommen müßten. Grundlage des Video-Rituals ist das Gemeinsame einer bestimmten Lebensphase und zugleich das, was jeder einzelne an Angstlust gegenüber Horror- und Gewaltszenen mitbringt, mithin in den Filmen wiedererkennt, einerlei, wie unterschiedlich die Interessen und Bedürfnisse der Gruppenmitglieder in anderen Bereichen auch liegen mögen. Vor allem das „Jemand-zu-sein" enthält den den Gruppenzusammenhang bestimmenden Wert.[1]

Jemand zu sein, der auch noch die abscheulichsten Szenen, die brutalsten Verletzungen anschauen und somit als Beobachter aushalten kann, ist eines der Ideale, das besonders bei männlichen Jugendlichen in hohem Kurs steht (John-Wayne-Ideal), immer schon gestanden hat, und dessen „barbarische" Variante in dem indizierten Videofilm „Conan, der Barbar" vorgeführt wird: „Was ist für einen Mann das Schönste in seinem Leben? Eine weite Steppe? Ein schnelles Pferd? Der Falke auf seiner Brust? Der Wind in seinem Haar? Falsch! Conan sag' du es mir. Conan: Zu kämpfen mit dem Feind, ihn zu verfolgen und zu vernichten und sich zu erfreuen an dem Geschrei der Weiber!"[2]

Die Umorientierung der Jugendlichen vom Elternhaus (zu jemand gehören) auf ihre Altersgruppe, d.h. der Neubeginn sozialer Erfahrungen in einem sowohl körperlich als auch sozial sich verändernden Status, bringt eine Wiederholung der Unsicherheiten mit sich, die prototypisch für den einzelnen bei seinen ersten Schritten in die Welt gewesen sein mögen. Ähnlich wie ganz kleine Kinder elterliche Entscheidungen gegen ihre elementaren Lebensbedürfnisse oder gar elterliche Gewalt unvermittelt über sich hereinbrechend erleben, erfahren die Jugendlichen die Unberechenbarkeit, mit der die Gewalt über die Menschen in Horror-Filmen hereinbricht.[3, 4]

Als Neuanfang hat die Phase der Pubertät viele Ähnlichkeiten mit der frühen Kindheit auch insofern, als das Ausprobieren eine bedeutende Rolle spielt. Bei der Neuerfahrung der Welt bezüglich der eigenen Rolle eröffnen sich vielfältige Möglichkeiten, unter denen jeder Jugendliche seinen persönlichen Weg herausfinden muß, ähnlich wie das kleine Kind erst nach und nach die Welt begreifen lernen kann. Der schnelle Wechsel der Freundschaften zwischen Mädchen und Jungen, der Moden und Stars, das spontane Aufgreifen und Ablegen von Gewohnheiten können Erscheinungsformen dieser Suche sein.

Die Bindungen an die Clique konfrontieren den einzelnen Jugendlichen nicht nur mit den Verhaltenserwartungen und den sozialen Orientierungen am Gruppenideal, sondern sie fordern zugleich die entsprechenden Beweise und Kontrollen. Besonders bedeutsam in diesem Sinne sind Horror- und Gewaltvideos für die Jugendlichen, die sich in körperlicher, sozialer und schulischer Hinsicht minderwertig und von Gleichaltrigen oder anderen Cliquen diskriminiert fühlen. Ihnen bietet der blutige Horrorfilm, den sie anderen empfehlen können, eine Möglichkeit, durch den Gestus besonderer Abgebrühtheit dem Cliquenideal ganz besonders zu entsprechen und sich so Anerkennung zu verschaffen. Daß Mädchen weniger Interesse an Horrorvideos zugesprochen wird, weist darauf hin, daß hier die Jungen/Männer untereinander etwas aushandeln. Dabei kann allerdings auch die Vorstellung eine Rolle spielen, daß der durch den erfolgreichen Umgang mit dem Grauen in der Jungengruppe erreichte Status auch auf Mädchen positiv wirke. Darüber hinaus spielen die Mädchen und Frauen insofern eine Rolle, als sie in den Filmen tendenziell als *Opfer* sexueller Gewalt gezeigt werden.

Daß es vor allem sich minderwertig fühlende Jugendliche sind, die an Horrorvideos ein ganz besonderes Interesse haben, weist eine Parallele zur Beschreibung des Ersteindrucks von sadistischen Sexualstraftätern auf. Diese Menschen, die das ausleben, womit sich die anderen „nur“ in ihrer Phantasie beschäftigen, werden in ihrer Wirkung auf nicht-Opfer ganz ähnlich beschrieben, so daß man ihnen die Realisierung von Horrorphantasien auf den ersten Blick gar nicht zutrauen würde.[5]

Bei Horrorvideos dagegen findet das Aushandeln des Problems, wer in der Gruppe in der Lage ist, dem John-Wayne-Ideal am ehesten zu entsprechen, ausschließlich in der Phantasie statt. Sie ist doppelt ungefährlich: Zum einen ist man nicht unmittelbar zum Handeln gezwungen, zum anderen kann man sich die Gefühle des Grauens über die intellektuelle Beschäftigung mit der Tricktechnik des Regisseurs erträglich machen. Man ist nicht wirkliches Opfer (oder *Täter)* in einer gewalttätigen Beziehung, wenn auch Opfer seiner eigenen Angst und damit „Opfer“ des Gruppenrituals. Man riskiert zwar keine physische Verletzung, wie etwa bei der Mutprobe der 50er Jahre („chicken game“: Jugendliche rasen in Autos aufeinander zu; wer als letzter ausweicht, gilt als der Mutigste). Aber man ist dem *inneren* Anlaß der Angst direkt ausgesetzt, die die einzelne Szene im Videofilm, einerlei ob reale Dokumentation oder phantastische Fiktion, auslöst. Welche (Umbruch-)Ängste aber sind es, denen Jugendliche von innen heraus ausgesetzt sind?

Vor allem Veränderungen in körperlicher Hinsicht (Menarche,

erste Pollution, heftige Wachstumsschübe usw.) konfrontieren den einzelnen Jugendlichen mit Veränderungsprozessen, die in der Dynamik denen frühester körperlicher Entwicklung, also der ersten Lebensjahre, gleichen. Dem entsprechen Veränderungen auf psychischem Gebiet: Die „Abnabelung“ vom Elternhaus, die immer stärkere Orientierung an Gleichaltrigen und die Suche nach sozialen Modellen, die in ihrem Ideal sowohl auf den frühkindlichen Bedürfnissen (Versorgung und Sicherheit) als auch deren willkürlicher und traumatisierender Versagung (Rache und Gerechtigkeit) gründen, bedeutet, zum zweiten Mal auf eigenen Füßen stehen zu müssen. In der Gruppe und dem Ritual, das sie sich schafft, können Ängste aus dieser Wiederholung nicht nur erzeugt, sondern zum Teil auch gebunden werden.

Erikson hat den Zweck dieser Ritualisierung als das Überwinden ambivalenter Gefühle beschrieben, nämlich das Vertraute (die Abhängigkeit) verlassen zu müssen gegenüber der Verlockung des Neuen (der Selbständigkeit). Damit kann das Verlassen des Vertrauten zugleich den Charakter einer Revolte gegen das Bestehende bekommen. Dies drückt sich nicht zuletzt darin aus, daß in der Neuorientierung bestehende Normen, Werte, ja sogar Gesetze als *die* Signale der Erwachsenenwelt wahrgenommen werden, denen gegenüber man sich abgrenzen muß oder an denen eine Prüfung neuer Ziele stattfinden kann. Manche Jugendliche mögen sich geradezu herausgefordert fühlen, „es denen schon zu zeigen“, wenn Erwachsene sie noch für zu klein halten. Aus der Perspektive der Jugendlichen funktioniert dies um so besser, je eher sich die besorgten Erwachsenen von der Brutalität erschrecken lassen, die sie, die Jugendlichen, längst bewältigt zu haben glauben. Insofern stellen Horror- und Gewaltvideos auch ein Stück Gegenkultur dar, die Jugendliche sorgsam gegen Erwachsene zu schützen sich bemühen.

Abschied von der alten und das Suchen einer neuen Heimat kennzeichnen denn auch die Gefühlsambivalenzen, die in der Umgestaltung der Pubertät angesprochen sind: Bindung und Trennung. Von familiärer Seite aus verbindet sich damit ein weiteres Problem. Auch die Eltern der Jugendlichen werden von diesen Trennungsversuchen berührt, sei es, daß sie Kinder überhaupt und Jugendliche insbesondere eher als lästig empfinden (und zur „Ausstoßung“ neigen), sei es, daß sie die Kinder übermäßig an sich gebunden haben und nun erst recht nicht loskommen können.[6] Darüber hinaus konfrontiert sie die Umgestaltungsproblematik ihrer eigenen Kinder und die damit verbundenen Prüfungen traditioneller Norm- und Wertvorstellungen mit der Frage, wie sie denn ihre eigenen Realisierungen jugendlicher bzw. idealisierter Wünsche bewerten. So befinden sich nicht nur die Jugendlichen, sondern auch deren Eltern tendenziell in einer vergleichbaren Krisensituation, die Frauen auch in körperlicher Hinsicht (Menopause), bei der es um Fragen nach individueller und sozialer Identität geht. Für Eltern kann an dieser Stelle die Frage nach einem Neuanfang auftauchen. Auch sie stehen vor dem Problem, ob sie das Althergebrachte, Gewohnte und bisher Erreichte aufgeben und sich von ihm trennen sollten. Die regressiven und ungehemmten Anteile so mancher Horrorfilme (wie z.B. der Zombies) stellen somit auch für die Eltern der video-begeisterten Jugendlichen eine enorme Herausforderung dar.[7]

Bisher habe ich mich vor allem auf den Übergang vom Kind zum Jugendlichen konzentriert, ein Übergang, der in anderen Kulturen als sogenanntes Initiationsritual auf der Grundlage sexueller Reifung geregelt wurde. Ich möchte mich zum Abschluß dieses Teils auf einen zweiten Übergang beziehen, den vom Jugendlichen zum Erwachsenen. Daß es hier und heute zu *zwei* Übergängen auf der Grundlage *einer* körperlichen Veränderung kommt, erklärt Tobias Brocher mit der unterschiedlichen Bewertung biologischer Entwicklung und wirtschaftlicher Verantwortung. Obwohl das Kind mit dem Eintritt der Geschlechtsreife biologisch zum Erwachsenen wird, wird ihm für die Zwischenphase sexuelle Enthaltsamkeit auferlegt. Es muß von daher zwangsläufig in Konflikte kommen.[8] Ich werde im folgenden diesem Aspekt der Problematik Jugendlicher in ihrem Verhältnis zu Erwachsenen am Beispiel einer Szene aus einem Gewaltvideo nachgehen, um Anhaltspunkte zu gewinnen, wie es um das Interesse der Erwachsenen in einer patriarchalischen, also männerdominierten Gesellschaft zum Thema Sexualität und Aggression steht. Schließlich sind es zumeist Männer, die solche Filme produzieren.

Männer: Den Spiegel zerstören

In einem Rundfunkinterview über Horror- und Gewaltfilme sagten mehrere, zwischen 14 und 17 Jahre alte Jugendliche übereinstimmend, sie habe am meisten folgende Szene aus dem Film „Die Klasse von 1984" beeindruckt:

Der etwa 16jährige Anführer einer Gang an einer amerikanischen High-School, Stegman, schlägt sich während einer Auseinandersetzung mit dem Musiklehrer Norris an Spiegel, Handtuchhalter und Waschbeckenrand in der Schultoilette Gesicht und Mund blutig. Vorausgegangen war ein Racheakt der Gang gegenüber dem *Biologie*lehrer, mit dem der Musiklehrer gemeinsam gegen den Schülerterror vorzugehen versuchte. Hier die Szene:

Norris: Wenn du nochmal in meine Nähe kommst, dann mach ich dich fertig, du verdammter *Huren*sohn, ich schwöre, ich mach dich kalt, dich und deine Bande! (Norris drückt Stegman die Gurgel zu)
Stegman: Fangen Sie doch an ... (Norris läßt Stegman los) ... ja, ich wußte, daß Sie's nicht tun ... Sie können mir gar nichts anhaben, weil Sie immer noch falsch rum denken. Aber wenn's dann ganz dick kommt, wenn's um's Töten geht, dann geht das große Fracksausen los, weil Sie zuviel verlieren ... Sie hätten mir sonst den Knorpel zerdrückt ... Oder vielleicht so (schlägt mit dem Kopf gegen den Handtuchspender) ... oder vielleicht so (schlägt mit dem Mund auf den Waschbeckenrand).
Norris: Hör auf damit, hör auf damit (Stegman beschmiert Norris mit Blut).
Stegman: So, jetzt waren Sie's Pauker, jetzt sind Sie fällig ... Jetzt sind Sie fällig ... (zu einem Sicherheitsbeamten, der in die Toilette kommt) Hey, der wollte mich fertig machen!
Sicherheitsbeamter: Um Himmels willen, Norris, sind Sie wahnsinnig geworden?

Der so vom Anführer der Gang hereingelegte Musiklehrer, der dem Schuldirektor gegenüber die Selbstverstümmelung des Jugendlichen nicht beweisen kann (auch der Sicherheitsbeamte glaubte ja Stegman), kämpft im show-down des Films schließlich gegen die Mitglieder der Gang um Leben und Tod.

Schmerzen aushalten und sich selbst körperliche Verletzungen zuzufügen, also Selbstverstümmelung, und dies vor Erwachsenen, von denen man abhängig ist, ist ein Thema, das in der Ethnologie in den verschiedensten Formen als zum männlichen Initiationsritual zugehörig bekannt ist. Bei der Initiation geht es um die Aufnahme der männlichen Jugendlichen in die Gemeinschaft der Erwachsenen,

d. h. die praktizierten Rituale beziehen sich in erster Linie auf die verbindlichen Männerphantasien einer jeweiligen Kultur. Es ist verständlich, daß die Lebensgewohnheiten sogenannter primitiver Kulturen ein gewisses Training in Schmerzunempfindlichkeit erforderten, da vor allem Männer unter Einsatz ihrer körperlichen Mittel schmerzhafte Verletzungen bis hin zum Tod riskieren mußten. Je weniger „Natur" sie beherrschten, desto mehr waren sie auf magische Bewältigung ihrer Ängste angewiesen. In diesem Sinne scheint mir ein Ritual plausibel, daß den Erwachsenen die Fähigkeit demonstriert, Schmerzen bis hin zur Selbstverursachung zu ertragen. Damit zeigt also die beschriebene Filmszene allein in der Handlung des Jugendlichen, bevor er den Erwachsenen in einen Schuldzusammenhang verstrickt, einen bedeutsamen und vielleicht archetypischen Aspekt von Initiation: Schau her, wozu ich imstande bin, was ich aushalten kann.

Auf die Bedeutung einer solchen Thematik besonders am Beginn der Geschlechtsreife bin ich durch die Steigerung der Selbstverstümmelungsakte aufmerksam geworden. In einer verhältnismäßig langen Kameraeinstellung wird gezeigt, wie dem Jugendlichen das Blut aus der Tiefe des Mundes läuft. Da nicht erklärlich ist, woher das Blut bei dieser Art von Verletzung stammen sollte und Stegman sich zumindest die Zähne hätte abschlagen müssen (was, wie man später sieht, nicht der Fall ist), muß die Szene auf eine tiefere Bedeutung des aus einer Körperöffnung fließenden Blutes hinweisen, analog der Menstruation.

In mehreren Fallgeschichten beschreibt Bettelheim sehr unterschiedliche Reaktionen von Jungen und Mädchen auf die jeweiligen körperlichen Vorgänge der Menarche und der ersten Pollution, so auch die Verabredung einer Gruppe von zwei Jungen und zwei Mädchen, daß sich die Jungen jeden Monat in ihren Zeigefinger schneiden und das Blut mit dem der Menstruation vermischen sollten.[9] Eines der Mädchen erzählte schließlich „... ihrer Betreuerin (in der sie ein Mitopfer der Monatsblutung sah) ziemlich stolz von ihrem Plan, nach dem Männer ebenfalls jeden Monat bluten sollten und welche Macht es ihnen allen verleihen würde, wenn sie regelmäßig ihr Blut mischten."[10]

Die Selbstverstümmelung in der Konfrontation zwischen Jugendlichen und Erwachsenen ist mit Hilfe eines spezifischen Aspekts aus

Initiationsritualen zu verstehen, mit dem sich Georges Devereux beschäftigt hat. Bei dem von ihm geschilderten australischen Subinzisionsritual wird der Penis des Initianden an der Unterseite vom Ausgang bis zum Hoden mit einem Feuersteinsplitter aufgeschnitten, so daß eine klaffende, blutende Spalte entsteht.

Das australische Subinzisionsritual war gefilmt worden und wurde einer Gruppe von Anthropologen und Psychoanalytikern vorgeführt. Devereux berichtet, daß sich während der Vorführung männliche und weibliche Reaktionen auf den Film deutlich voneinander unterschieden: Die Männer waren ziemlich still, sahen blaß und unbehaglich aus. Im Gegensatz dazu schienen einige Mädchen erregt und erröteten.[11] Eine ähnliche Reaktion beobachtete Devereux bei Psychiatern und Psychoanalytikern, darüberhinaus, „... daß während und unmittelbar nach dem Höhepunkt der Subinzision eine Anzahl junger Psychiater und Psychoanalytiker das Auditorium verließ. Sie gingen entweder allein oder aber paarweise, und zwar waren dann beide Personen jeweils *gleichen* Geschlechts. Ich kann mit Bestimmtheit sagen, daß ich *keine* gemischten Paare zusammen fortgehen sah."[12] Das Fließen des Blutes, die Beschneidung des männlichen Geschlechtsorgans sowie die unterschiedliche Reaktion von Männern und Frauen auf die Präsentation dieses Films lassen mich vermuten, daß sich in diesem Initationsritual zwei männliche Themen verdichten. Das eine Thema, der Beweis der Mannhaftigkeit gegenüber den anderen Männern, habe ich bereits genannt. Zum zweiten könnte es für Männer bedeuten, ihr gemeinsames Los gegenüber den Frauen symbolisch zu überwinden; dies könnte man das auf die erwachsene Männergruppe im Verhältnis zu Frauen bezogene Ziel der Initiation nennen. Was aber wäre das gemeinsame Los der Männer gegenüber den Frauen?

Klaus Theweleit hat in seiner Studie über Männerphantasien am Beispiel der Freikorps in der Weimarer Republik die Angst von Männergruppen vor dem Fließen von Blut herausgestellt und mit der Angst dieser Männer vor Frauen und dem Menstruationsblut in Verbindung gebracht. Die Angst vor der „roten Flut" führt er damit auf Körpervorgänge zurück, die männlichen Jugendlichen und Männern angesichts ihrer eigenen Körperlichkeit mysteriös erscheinen müssen.[13] Da aber die weibliche Geschlechtsreife mit der ersten Menstruation beginnt und diese zugleich die einzig natürliche, d.h.

ohne Einwirkung äußerer Gewalt stattfindende Blutabsonderung des menschlichen Körpers ist, ist sie geradezu prädestiniert, um Angst- und Grenzphantasien (vor verletzender bzw. vernichtender Überflutung) auszulösen, für die keine aus dem eigenen (männlichen) körperlichen Sein stammende Erklärung hinreicht.[14]

Natürliche Vorgänge machen darüberhinaus insofern Angst, als man sie nicht kontrollieren (sprich: *beherrschen)* kann. Versuche, sich vom Mysterium Frau unabhängig zu machen, haben im Reich der (Film-)Phantasie zahlreiche „Frankenstein"-Variationen hervorgebracht: Männer (meist Ärzte) schaffen Leben, und weil sie es in ihrem Bauch nicht wachsen lassen können, sind sie auf Tote angewiesen, die sie mit viel Technik zum Leben erwecken. In der nun schon fast ein Jahrzehnt andauernden Begeisterung vor allem jugendlicher Zuschauer für die „Rocky Horror Picture Show" spiegelt sich die Faszination an diesen (und allen bisher angedeuteten) Themen (Sexualität, Gewalt, Kannibalismus, Horror etc.), zumal hier vor allem die fiktionale Überwindung der Geschlechtsgrenzen durch die Hauptfigur vorgeführt wird: Frank N. Furter „treibt" es als transsexuelles Wesen sowohl mit einem Mann (Brad) als auch mit dessen Verlobter (Janet). Die Strafe für diese Grenzübertretung folgt auf dem Fuße: Frank wird im Show Down des Films exekutiert, der gesamte Phantasie-Spuk verschwindet in die transsexuelle Galaxis, und Brad und Janet bleiben – auf die irdischen Möglichkeiten zurückgeworfen – in ihrem begrenzten (geschlechtlichen) Sein zurück. Die Art, den Film zu konsumieren, hat selbst schon den Charakter eines Rituals angenommen: Viele Jugendliche, die den Film immer wieder anschauen (bis zu 300 mal!), imitieren die Schauspieler in Aussehen und Kleidung und agieren jede Handlungssequenz in der jeweiligen Rolle mit.

Man kann den von Devereux beschriebenen Subinzisionsritus auch als Antwort auf die Angst der Männer verstehen, daß sie nur dann stark genug allen Anforderungen des Lebens gegenüber sind, wenn sie mit dem gleichen Geschlechtsorgan ausgestatte sind wie die Frauen. Die Reaktionen der zuschauenden Frauen und Männer scheinen zu bestätigen, daß es weniger der Penisneid der Frauen ist, auf den die Männer ihre Macht gründen, sondern auf einer vielleicht viel tieferen Ebene die durch das Ritual abgewehrte Angst vor eigener *Unter*legenheit.

Die hier angesprochene Angst wiederholt wiederum zwei Aspekte: Einmal den der Angst vor Kastration (eine Phantasie, die allerdings eher die Angst vor Männern, Vätern, meint), zum anderen den, der sich auf die Herkunft des Mannes (aus dem Mutterleib) bezieht und der die einzige Situation anspricht in der eine Frau wirklich Macht über den „Mann" hat. Andererseits wird der Mann mit dem Teil von Geschlechtlichkeit konfrontiert, der ihm eine nur *unter*geordnete Rolle in der Gesellschaft zuweist: Allein die Frau ist fähig zu gebären, allein sie ist derjenige, *in* der menschliches Leben entsteht (die Urkränkung des Mannes).[15] In dieser Hinsicht jedenfalls läßt sich die männliche Vorstellung vom Penisneid der Frauen ebenso wie das Herstellen eines Vagina-Äquivalents im Initiationsritus als quasi magische Kompensation der männlichen Angst vor der Sexualität der Frau verstehen.

Gesellschaft: Wölfe und andere Bestien

Auffallend wenig habe ich über aktuelle Pubertätsrituale bei Mädchen im Zusammenhang mit Videogewalt gefunden, obwohl auch Mädchen von Horror- und Videogewalt fasziniert zu sein scheinen, vielleicht nicht einmal weniger als Jungen. Dafür spricht nicht nur, daß auch Mädchen von der Wiederkehr frühester Rache- und Haßgefühle sowie den Problemen der Ablösung von den Eltern betroffen sind, sondern daß sich ja mit ihrer körperlichen Reifung gerade die Prozesse vollziehen, die Männer so ängstigen können. Schon in dem bereits zitierten Bericht von Bruno Bettelheim über die Menstruationsrituale von Jungen und Mädchen ist angesprochen worden, welch eminente Bedeutung die Menarche bei Mädchen haben kann, in welch hohem Maße ein Mädchen akzeptiert gilt, wenn es zum ersten Mal menstruiert und welche Gefühle von Macht sich mit diesem Ereignis verbinden können.

Ich habe bisher keine weiteren veröffentlichten Hinweise auf die heutige Bedeutung der Menarche für Mädchen gefunden, geschweige denn irgendeine Beschreibung von Ritualen, in denen Ängste während dieses Ereignisses gebunden werden, einerlei, ob sie das Mädchen und seinesgleichen oder ihr Gegenüber, die Jungen, betreffen. Und auch in ethnologischen Berichten überwiegen

Beschreibungen der Formen männlichen Umgangs mit der Menarche, also der Rituale männlicher Angstbewältigung. Hier ist häufig von der Angst die Rede, sich durch Begegnung mit oder gar Berührung der menstruierenden Frau zu verunreinigen. Diese Angst ist in vielfältigen Absonderungsritualen gebunden. Während ihrer Menstruation müssen sich z. B. Mädchen und Frauen in besonderen Häusern aufhalten: „In vielen Gesellschaften waren die Tage und Wochen nach der Menarche eine besondere und gefährliche Zeit, in der die Zukunft des Mädchens weitgehend von der genauen Einhaltung bestimmter Verpflichtungen und Rituale abhing."[16]

In unserer Gesellschaft gibt es weder eindeutige Absonderungsrituale (wenngleich Menarche und Menstruation eher zu den peinlichen, verschwiegenen Themen gehören), noch wird ihre Bedeutung in der weiblichen Entwicklungsdynamik gewürdigt, obwohl „... die Wandlung vom Mädchen zur Frau viel stärker betont (ist) als die entsprechende Entwicklung vom Kinde zum Manne beim Knaben. Die Menstruation, das erste Blutwandlungsmysterium des Weiblichen, ist ein in jedem Sinne wichtigerer Einschnitt als der erste Samenerguß des Männlichen. Dieser wird selten erinnert, während die Menstruation überall mit Recht als Schicksalsmoment des weiblichen Lebens gilt."[17]

So geschehen sollte ihr doch als bedeutsames Ereignis auch der entsprechende gesellschaftliche Stellenwert eingeräumt sein. Klaus E. Müller weist jedoch darauf hin, daß weibliche Rituale eher „Kammerspielen" als den großen Inszenierungen der Männer gleichen. Möglicherweise besäßen Frauen ein geringeres Interesse an hintergründigen Erklärungen für das, was sie an sich selbst erlebten.[18]

Wenn es auch heute keine ritualisierte Form des Umgangs mit der Menarche gibt, so weist der Umgang mit Menarche und Menstruation in fremden bzw. vergangenen Kulturen im Aspekt der Absonderung eine Parallele zu heutigen Erfahrungen von Mädchen auf: Man darf (oder braucht) im Sportunterricht nicht mitmachen, sitzt abgesondert auf einer Bank, allen sichtbar, verschämt oder stolz. Von diesem Zeitpunkt an gehört man dazu, alle können es sehen. Es wird vor allen Dingen von den anderen Mädchen registriert, wenn man auch nicht darüber spricht oder sich gemeinsam mit den Konsequenzen vertraut macht. Solche Erlebnisse haben zwar nicht den Charakter eines Rituals wie etwa bei Jungen (obwohl auch bei den Mädchen sicherlich große Ängste im Spiel sind). Und schon gar nicht scheint Gewalt gegen sich selbst (etwa wie bei Selbstverstümmelungsakten) oder gegen andere bei solchen (inneren) Auseinandersetzungen mit körperlicher Reifung eine Rolle zu spielen. Sollte es wirklich nichts geben, was Mädchen bzw. junge Frauen dazu veranlassen könnte, ihre Angst in Ritualen zu binden? Haben sie während dieser Phase keine den Jungen vergleichbaren Ängste vor sich selbst oder vor dem anderen Geschlecht? Fehlt ihnen die Phantasie der Gruppe als Schutz oder ist es die Männer-(Macht-)Phantasie, die sie im pubertären (John-Wayne-)Ritual mittragen?

Frauen: Die Rache der Ratten

In den Stories der Horror- und Gewaltvideos spielen Gruppen, etwa in der Form von Banden oder Gangs, nur bei Männern eine Rolle. Frauen treten als Heldenfiguren lediglich in Einzelkämpferrollen auf, wobei sie meist einen männlichen Überhelden als Partner im Hintergrund haben (z. B. Modesty Blaise, Liane – Das Mädchen aus dem Urwald, Drei Engel auf der Todesinsel usw.). Eine der wenigen Ausnahmen, in der das Thema Gruppe und Gewalt im Zusammenhang mit jungen Frauen eine dominierende Rolle spielt, ist der Horrorvideo „Muttertag". Dieser Film wurde bei einer Umfrage zur Beliebtheit von Horror- und Gewaltvideos als einziger von Mädchen genannt.[19] Ich möchte im nächsten Abschnitt genauer dem in diesem Film praktizierten Gruppenverhalten und dem damit verknüpften Ritual nachgehen. Die Rahmenhandlung dieses inzwischen nach § 131 StGB vollständig verbotenen Films:

Drei junge Frauen, Abbey, Jackie und Trina, haben gemeinsam das *Wolfsbreath*-College besucht. Als „Rattenpack" bilden sie eine Gruppe, die andere Leute, vornehmlich dümmliche Männer, lächerlich macht. Ihr gemeinsames Zimmer trägt die Warnung: „Enter at your own risk!". Nach jedem Coup erhält das Opfer die Mitteilung: „Sie wurden soeben vom Rattenpack reingelegt." Zur Gruppenkultur des Rattenpacks gehört die Devise: Wir werden immer zusammenbleiben.

Alljährlich treffen sich die Frauen, diesmal zum *Angeln.* Unterwegs kaufen sie ein. Während Abbey den Laden betritt, verletzt sich der Verkäufer, der mit einer Schere oder einem Messer hantiert, bezeichnenderweise am Finger. Trina und Jackie kommen dazu und richten im Laden (versehentlich?) ein Chaos an. Der Verkäufer schreit ihnen, nachdem er sie vergeblich vor ihrem Reiseziel gewarnt hat, das Schimpfwort „Lesben" hinterher. Anschließend fährt das Trio in die „Deep Barons Wilderness Area", deren Einfahrt mit der Warnung „Proceed at your own risk" gekennzeichnet ist. Während der Abendunterhaltung am Zelt erinnert sich das Rattenpack an die Schulzeit. Trina: „Wir sollten langsam mit dem Quatsch aufhören, wir sind schon zu alt dazu!" Sie erhält Widerspruch von den beiden anderen: „Unser Wahlspruch lautet, wenn wir Rattenpack zusammenhalten, kann uns kein Mensch was anhaben." Jackie: „Das Rattenpack ist dazu da, um mich zu beschützen."

Im Schlaf werden die jungen Frauen von zwei *Brüdern* gekidnappt, die sie auf Befehl ihrer *Mutter* in ihr Haus schleppen und mißhandeln. Jackie nehmen sie sich als erste vor. Trina und Abbey können sich befreien und finden Jackie, grausam vergewaltigt, in einer Kommodenschublade. Sie versuchen zu fliehen, was ihnen jedoch mißlingt; sie müssen sich immer wieder in ihr Versteck im Wald zurückziehen. Inzwischen stirbt Jackie. In Trina und Abbey reift der Plan: „Wir bringen diese Schweine um!" Die tote Jackie wird mit Blick auf das Haus an einen Baum gelehnt. Abbey: „Ich will, daß Jackie uns dabei zusieht ... Du hast immer nur Pech gehabt, dein ganzes Leben lang. Aber ich verspreche dir, daß wir's den Brüdern heimzahlen werden." Trina ist verzweifelt. Abbey ermuntert sie mit ihrem Wahlspruch: „Rattenpack hält zusammen!"

Es gelingt den beiden Frauen, die Brüder umzubringen. Der eine stirbt an einem Axthieb zwischen die Beine, der andere wird schließlich mit einem elektrischen Messer erstochen. Dann muß auch die Mutter dran glauben: Sie wird mit einem Plastikbusen erstickt. Abbey: „Sie brauchen sich keine Sorgen zu machen. Wir werden alles tun, was nötig ist. Wir kümmern uns schon um Sie. Wir werden Sie genauso gut behandeln, wie Sie es verdienen. Keine Angst. Ich werde für Sie sorgen als wenn ich Ihre eigene Tochter wäre, sogar noch viel besser."

Jackie wird begraben. Abbey: „Es ist ungerecht, warum Jackie?" Trina: „Diese Frage kann niemand beantworten. Wahrscheinlich haben wir überlebt, weil wir überleben sollten." Abbey: „Wie meinst du das?" Trina: „Wir sind zum Überleben bestimmt, weil wir stärker sind als die meisten anderen. Uns kann nichts mehr passieren." Schlußbild: Aus dem Busch in der Nähe des Grabes springt eine undeutliche Gestalt auf die beiden Frauen zu.

Die Story des Films ist eine Variante von „Hänsel und Gretel": Die „Geschwister" begegnen im Wald der „Hexe", die sie für ihre „Spiele" vereinnahmen will und gegen die sie sich erfolgreich, wenn auch mit Verlusten, zur Wehr setzen. Allerdings steht hier nicht das *orale* Thema des Märchens (Lebkuchenhaus) im Vordergrund, sondern die sexuelle Demütigung der „Schwestern" (durch die „Brüder", die sich der „Hexe" nicht entziehen können) vor den Augen der

„Mutter". Die Warnung vor den Gefahren des Waldes erinnert zugleich an den „Wolf", der auf Rotkäppchen lauert.

Die Verknüpfung von Sexualität, Angst, Gewalt, Gruppe und Ritual ist bei diesem Film nicht zu übersehen. Dennoch sind mir Zweifel über den Zusammenhang zwischen Frauengruppe, Tiersymbol und Verbündungsritual gekommen, als ich nach Hinweisen zur Rattensymbolik gesucht habe. Auf einen Beleg, daß diese Symbolik für eine aggressive Gegenkultur bedeutsam ist, bin ich durch einen Bericht über Ratten als die beliebtesten Haustiere bei jugendlichen Punks gestoßen. Im Verhältnis der Geschlechter zueinander suchen die Punks nach unkomplizierten Lebensformen. Für eine Frau sei Punk das Optimale, weil da keine Unterschiede zwischen Männchen und Weibchen gemacht würden, sagte eine Punkerin in einem Zeitungsinterview.[20] Ich habe außerordentlich wenig wissenschaftliche Literatur zur Ratte als Symbolträger gefunden, einerlei ob weibliche oder männlicher Phantasien.[21] Offenbar haben die Assoziationen, die sich mit diesem Tier verbinden, dazu beigetragen, daß es als Symbol kaum in Erscheinung treten durfte, wenngleich sich mit der domestizierten Form ungezählte, vor allem männliche Wissenschaftler beschäftigen.[22]

Das Ritual des *Ratten*packs im Horrorvideo „Muttertag" (mit dem sich die Frauen gegen die Männer stark machen und sie sexuell demütigen) erscheint als der verkleidete und ins Bild gesetzte Ausdruck der Angst der Männer vor Verunreinigung, wie sie in den Absonderungsriten von Mädchen und Frauen während der Menstruation von Ethnologen beschrieben wurde. Selbst wenn an der Gefährlichkeit der Ratte als Überträger der Pest nicht zu zweifeln ist, so war es doch der Aberglaube, der die Verbindung zwischen Tier und unheimlicher Gefahr hergestellt hat, nämlich daß Ratten und Mäuse Helfer und Verbündete der Hexen und Zauberer seien.[23] Hier ist das angesprochen, was Männer den Frauen an Unheimlichem, Gefährlichem und Verderblichem andichten (Hurerei, Ehebruch, Männer impotent machen, Kastration und Sterilisation, Sodomie und Homosexualität, Empfängnisverhütung, Schwangerschaftsabbruch und Kindesmord bzw. Kindesopfer, so jedenfalls der „Hexenhammer".[26]). Dies wird nun im Film „Muttertag" von den Frauen als Vergeltung gegen die Männer gewendet in einer (Gruppen-)Form, die ihnen, den Männern, in ihrer Mächtigkeit nur allzu vertraut ist.

Bei der Faszination von Horror- und Gewaltvideos kann es sich – zusammenfassend – ganz allgemein um die Wiederbelebung oder besser Spiegelung ungehemmter archaischer Ängste und Aggressionen sowie deren Bindung im Ritual handeln. Das Medium Video ist vielleicht deshalb so attraktiv, weil es jederzeit und so oft man will die Bilder hervorbringt, die man entweder selbst nicht herstellen kann oder braucht (etwa wie noch im Märchen) und weil man in der unerschöpflichen Vielfalt der Filme jede Nuance einer inneren Gespanntheit produzieren kann. Je nachdem welcher Teilaspekt in einem Film eine zentrale Rolle spielt, werden sich individuell unterschiedliche Vorlieben für bestimmte Szenen bzw. Filme ergeben.

Was der Zuschauer als Spiegelung seiner eigenen unbewußten Gefühlssituation erkennt, ohne zu wissen, wird ihn als (Film-)Schauspiel gefangen halten, solange ihn das Verdrängte an die Filmszenen zwingt oder solange, bis sich für ihn dieses Thema erschöpft.[25] Erst die (vorläufige) Erledigung der phasentypischen Probleme bringt neue Themen mit vielleicht neuen Medien, sei es, daß man in andere Lebensphasen mit anderen Themen hineinwächst, sei es, daß die aktuelle soziale Situation, in der man sich befindet, den Reiz des Auslösers verliert. Schließlich kann das Verdrängte in anderen Lebensphasen auf anderem Niveau wieder auftauchen.

Die voyeuristische Lust am Grauen, an absurden Brutalitäten und Strömen von Blut, beinhaltet letztlich vielleicht zwei Aspekte. Zum einen ist es die Nähe dieser Bilder zu den Verletzungen aus der eigenen Lebensgeschichte und den damit verbundenen Gefühlen von Rache und Vergeltung in ihrer alttestamentarischen Wucht. Diese Gefühlsqualitäten mögen gleichermaßen bedeutsam und bestimmend sein für Jungen und Mädchen, die sich von Horror- und Gewaltvideos in Bann geschlagen fühlen. Ihr gemeinsames Thema, die Ablösung von den Eltern, kann die Wiederkehr solcher Gefühle bis ins Unerträgliche steigern (in „Die Klasse von 1984“ und „Muttertag“ spielen eine Rolle als Eltern nur Mütter, die ihre Kinder vergöttern und überbehüten oder nicht loslassen wollen, weil sie, die Mütter, sich alt und krank fühlen und damit den Schutz und die Versorgung durch ihre Kinder erpressen). Das Thema Eltern zwingt damit den einzelnen Jugendlichen, um sich selbst zu kreisen und ungeheuer sensibel auf die Signale aus der Erwachsenenwelt zu reagieren, die für seinen „Kurs“ wichtig sind. Es liegt auf der Hand, daß dies Jugendliche umso stärker betrifft, je verletzter und verletzlicher sie sich fühlen.

Über diese höchst individuellen spiegelbildlichen Konfrontationen mit dem eigenen Unbewußten hinaus erweist sich das Phänomen Horror- und Gewaltvideos als ein aktueller Ausdruck pubertärer Ritualisierung (des kollektiven Unbewußten), sowohl in dem, was ein einzelner Jugendlicher an Bedeutsamen entdeckt, als auch als Medium des Ritus selbst. Insofern Erwachsene auf die Faszination solcher Filme bei Jugendlichen verständnislos oder empört bzw. mit Ablehnung oder Indizierung reagieren, drückt sich hierin eine dem Ritus der Initiation vergleichbare und auch in unserer Gesellschaft vorhandene Form der Auseinandersetzung Erwachsener mit Jugendlichen aus.[26]

Die Umgangsformen Jugendlicher, d.h. ihre Gruppenkulturen, sind auf den Übergang zu dieser Erwachsenenwelt bezogen. Die vielfältigen Erscheinungsformen dieser Kulturen werden wiederum kritisch von den Erwachsenen daraufhin überprüft, inwieweit sie mit deren moralischen Vorstellungen und Zielen übereinstimmen. In jedem Fall aber werden zwei Themen in diesen Vorstellungen ausgeklammert, nämlich erstens die Auseinandersetzung mit Sexualität und zweitens der Umgang mit Aggression. Aggression und Vergeltung liegen traditionell in der Hand der Eltern (Erziehungsgewalt) und des Staates (Staatsgewalt), so daß sie quasi automatisch zu Prüfsteinen jugendlicher Gegenkultur werden müssen. Damit wird zugleich festgelegt, um welche Themen potentielle Prüfungsriten vor allem der männlichen Jugendlichen kreisen müssen. Aggression (und Vergeltung) und Sexualität sind also in dem Maße Initiationsbarrieren, in dem die Gesellschaft sie aus der Jugendkultur auszugrenzen versucht.

Insofern Männer als Produzenten von Horror- und Gewaltvideos auf der Phantasieebene ihre Probleme im Umgang mit Sexualität und Gewalt verschlüsselt ausdrücken, werden auch Jugendliche sich an diesen Phantasien orientieren und für die Realität wechselseitig entsprechende Bilder über das andere Geschlecht entwickeln müssen. So positiv man in diesem Sinne eine eindeutige gesellschaftliche Stellungnahme gegenüber Horrorvideos etwa in der Indizierung bestimmter Streifen beurteilen muß, so sehr geht diese Art der Reaktion jedoch am eigentlichen Jugendproblem vorbei. Wahrscheinlich kann der Jugend dann die notwendige Unterstützung für ihre Orientierung an einem positiven Mann-Frau-Verhältnis gegeben werden, wenn eine Gesellschaft sich mit den Bildern von Mann und Frau und den entsprechenden Beziehungsstrukturen auseinandersetzt (und nicht bei den Brutalitäten an sich verharrt).

Videokriegsspiele

Videogewalt als pädagogisches Problem

Erst waren es in den frühen siebziger Jahren die Kriegsspielzeuge, die eine um das Wohl der Kinder besorgte Fachöffentlichkeit und einzelne Eltern und Erzieher so in Aufregung brachten.[1] Dann verlagerte sich die Aufmerksamkeit auf die Spielhallen und die dort aufgestellten Videokriegsspiel-Automaten.[2] Heute sieht man das Übel in Form der Homecomputer und der 3. Generation der Videokriegsspiele auf die Jugendlichen zukommen; zugegebenermaßen die bisher besorgniserregendste „Gefahr", gibt es doch kaum eine Möglichkeit, jugendschützend in den familiären Raum einzugreifen. Überdies ist die kreative Phantasie von Kindern und Jugendlichen sowieso kaum zu bremsen, die nämlich, cleverer als manche Erwachsene der Pädagogengeneration, sich inzwischen selbst ihre Programme für solche Spiele schreiben können.

Aber: Immer noch wird heftig diskutiert, ob denn solche Militaria oder militärische Gewalt, die über den Bildschirm flimmert, tatsächlich einen verrohenden Einfluß auf unsere Jugend ausüben, ob sie sie tatsächlich schnurstracks in wenn schon nicht den dritten Weltkrieg, so doch die totale Funktionalisierbarkeit des Spieltriebs durch militärische Interessen treiben. In der Rückschau auf nunmehr 15 Jahre dieser Diskussion ist es immer wieder erstaunlich, wie hartnäckig sich der Glaube hält, das Böse in der (Spiel-)Phantasie produziere in jedem Fall das Böse in der Realität, hier: Die Faszination an Kriegsspielzeug, kriegerischen Videospielen oder strategisch-binärem Denken bedeute zugleich die todsichere Umsetzung in zukünftiges praktisches Handeln.[3] Dabei scheinen sich auch inzwischen *die* Wissenschaftler besonnen zu haben, die zu Beginn der Debatte für den Zusammenhang zwischen Kriegsspiel und späterer Kriegslüsternheit ins Feld geführt werden, und die heute zu der Auffassung kommen: „Schädigende Einflüsse sind weder nachgewiesen noch auszuschließen. Es fehlt an methodisch einwandfreien Untersuchungen, welche dem Einfluß des Video-Spiels auf Kinder und Jugendliche nachgehen. Nötig sind z. B. mehrjährige Längsschnittuntersuchungen".[4]

Es mutet demgegenüber unverständlich an, wenn man heute auch in Fachkreisen immer noch glaubt, aggressives und gewalttätiges Verhalten monokausal auf den Einfluß des Kriegsspielzeugs, des Videokriegsspiels oder überhaupt des Fernsehens zurückführen zu können. Gerade angesichts sich verschärfender Lebensbedingungen für Jugendliche, z. B. der Arbeitslosigkeit, der Streichung sozialpädagogisch notwendiger Unterstützungen und der zunehmenden „Verkabelung" des einzelnen erscheint doch eher der umgekehrte Schluß plausibel, daß nämlich die zunehmende Aggressivität der äußeren Verhältnisse im Hier-und-Jetzt die innere Aggressivität bedingt; ganz abgesehen davon, daß die individuelle Vorgeschichte von Spielern schlichtweg ignoriert wird: Als ob er bis zum Eintritt des Jugendlichen in die Videokriegswelt nie mit realer Gewalt in Berührung gekommen sei, als ob er jemand sei, den man bloß vor dem Bildschirm entsprechenden Reizen aussetzen müsse, um ihn zum individuellen und politischen Ungeheuer zu machen!

Was nun die Längsschnittuntersuchungen anbelangt, die zum einwandfreien Nachweis der Wirkung oder der Nicht-Wirkung von Videospielen verlangt werden, so bin ich der Überzeugung, daß nicht einmal umfangreiche biographische Analysen vollständig den Zusammenhang zwischen individuellem Schicksal und kollektiver Gewalt aufklären könnten.[5] Jedenfalls hat Ulla Johnsson-Smaragdi unlängst wenigstens die Binsenweisheit empirisch nachgewiesen, daß die Eltern immer noch das maßgebliche Modell für das Verhalten ihrer Kinder abgeben, sprich, daß das Konsumverhalten der Kinder, hier: das Fernsehen, von dem Konsumverhalten ihrer Eltern abhängt.[6] Es wäre im doppelten Sinne merkwürdig, wenn dem nicht so wäre. Einmal: Wie sollten Kinder und Jugendliche anders in der Welt leben, als es ihnen die maßgeblichen Erwachsenen vormachen? Und: Wie gar sollten sie die erziehen, die eigentlich ihre Erzieher sind? Schließlich eine letzte Überlegung: Die einmal gelernten Verhaltensweisen aus den sozialen Zusammenhängen, in denen man großgeworden ist, halten sich ungeheuer hartnäckig bis ins hohe Alter. Es steht also weder zu erwarten, daß sich die Lust am Videokrieg quasi monokausal auf eine einzige Ursache zurückführen ließe, noch daß diese Lust durch einen einfachen pädagogischen Eingriff oder ein Verbot beseitigt werden könnte.

All dies ist bereits mehrfach ge- und beschrieben, so daß ich es hier im einzelnen nicht wiederholen möchte.[7] Vielmehr möchte ich mich zwei Fragen genauer zuwenden: Wieso regt man sich über videokriegsspielende Jugendliche eigentlich so auf? Und daraus folgend: Was sollte man bildungspolitisch tun, um Wirkung *und* Ursache der Videofaszination gleichermaßen zu begegnen?

Konfrontationen mit dem „inneren Krieg"

Ich gehe davon aus, daß Eltern und Erzieher meist grundsätzlich davon überzeugt sind, das Beste für ihr Kind zu wollen – es sei denn, sie haßten es ganz offen. „Das Beste", das sind natürlich auch Maßnahmen zum Schutz, zur Kontrolle, zur optimalen Förderung für „das spätere Leben" des Kindes, und das können auch Strafen sein, weil man auch heute noch weitgehend glaubt, Strafen und Verbote seien da wirksamste Erziehungsmittel. In der besten Absicht wird so erzogen, obwohl in den pädagogischen Verhältnissen die Dinge häufig genau anders herum liegen: Die beste Absicht wird mitnichten vom Zögling als solche erkannt, sondern eher als Einschränkung, Gewalt, Demütigung, Lieblosigkeit oder gar Ablehnung empfunden.

Dazu folgender Abschnitt aus einem Dialog zwischen Mutter und Kind:

„Mutter:

Weißt Du, Andreas, das ist so, wenn man Dich zuviel lobt, dann nützt Dir das auch nichts, dann machst Du es immer schlechter, dann, oder? Na, na, na Andreas, ich hab' Dich schon oft gelobt, und das hat Dir auch nichts genützt. Wenn ich aber so richtig schimpfe einmal wieder, dann reißt Du Dich schon zusammen, gell. Stimmt das nicht?

Andreas:

Bei dem winzigen Lob, was Du...

Mutter:

Na, na, na. Schau Andreas, ich meine nur das bloß gut. Ich sag' dann oft, schau, wenn Du möchtest, dann könntest Du es noch besser. Du bemühst Dich manchmal zu wenig.

Andreas:

Was, noch besser? Als gut! Noch besser als gut?"[8]

Und so kommt dann statt angepaßter Folgsamkeit auf die Eltern und Pädagogen ein Verhalten der Kinder zurück, das sie ärgert, das sie meist nicht verstehen, das ihnen Sorge bereitet und das sie häufig genug als „Undankbarkeit" gegenüber ihrem pädagogischen Engagement empfinden; kaum daß sich Eltern an ihre eigenen Gefühle und Erlebnisse ihrer Kindheit erinnern, kaum daß sie – als Eltern nun auf dem „anderen Ufer" – in der Vermischung ihrer eigenen Interessen mit den Interessen und Lebensbedürfnissen der Kinder eindeutig und zweifelsfrei zurande kämen.

Das Fatalste aber an pädagogischen Verhältnissen ist die undurchschaubare Vermischung ablehnender und annehmender Impulse, liebevoller und aggressiver Zuwendung zugleich, kurz: die Unklarheit auf seiten des Kindes, ob es nun geliebt wird oder nicht. Eltern und Erzieher versichern den Kindern ihre Liebe, während sie zugleich so handeln, als haßten sie sie. So kann tragischerweise ein Kind allein in offener Ablehnung, Strafe oder gar Entzug Eindeutigkeit erfahren, wohingegen es sich mit dem Vorwurf der Undankbarkeit zugleich auch noch die Schuldgefühle der Eltern aufbürden muß, wenn es sich nämlich gegen der in der Liebe versteckten Haß auflehnt.

Dem Wunsch nach Eindeutigkeit kommen die Videokriegsspiele in besonderem Maße entgegen: Hier steht fest, wer der Feind ist (die Gegner auf dem Bildschirm), hier steht fest, mit welchen Mitteln in der Beziehung zum Feind zurückgeschlagen werden darf, und hier steht auch fest, daß der Spieler selbst eindeutig „gut" ist. *Er* wird angegriffen, *er* befindet sich in einer Notwehrsituation, die einzig legitime Situation, in der Aggressionstabus aufgehoben sind. Vor allem aber sind die eigenen Mittel der Zerstörung in das „System", d. h. in die Phantasiewelt, positiv, ja sogar als überlebensnotwendig integriert.

Wenn schon ein Kind in der realen Beziehungssituation seinen Gefühlen nur den Ausdruck geben darf, den ihm seine Erzieher gestatten, dann kann es sich im Spiel vor allem unter den genannten Spielstrukturen hemmungs- und schuldlos seinen Aggressionen hingeben.[9] Das Spiel hat nämlich nicht die Konsequenz, daß das trotz aller Ambivalenzen geliebte Objekt, etwa die Eltern, wirklich zerstört wird. Sie real anzugreifen hieße nämlich, die eigene Existenz real zu gefährden, etwa indem die Eltern der Hoffnung nach Liebe, Schutz und Versorgung nicht mehr zur Verfügung stehen.

Der Erwachsene nun, mit dem „inneren Krieg" des Kindes am Bildschirm konfrontiert und selbst im Glauben, alles Bestmögliche für das Wohl „seines" Kindes getan zu haben, muß zwangsläufig entsetzt reagieren. Wie kann dies das Produkt seiner Erziehung sein? Wie kann es angehen, daß sich sein Kind so potentiell zerstörerisch verhält, wo doch der Erzieher sich selbst so friedliebend sieht?[10] Diese perverse Lust seines Kindes an Sadismus und Zerstörung *kann* nur von außerhalb stammen, von den Nachbarkindern, vom Fernsehen, von der zerfallenden Wertordnung unserer Gesellschaft etc., etc.!

In der Kränkung des Selbstbildes als Erzieher kommt die Reaktion des Kindes auf ihn zurück. Auch er ist ja von dem Wunsch nach Eindeutigkeit beseelt, z. B. nach Eindeutigkeit in seinem Selbstkonzept, eben das Beste für sein Kind getan zu haben. Nur wenige Menschen gestatten sich, auch „böse" Seiten in sich zuzugestehen, oder gar zuzulassen, schon gar nicht gegenüber Kindern, für die man sein Herz zu haben hat. Die meisten Menschen tendieren dazu, das Böse, das Verletzende in sich selbst nach außen zu verlagern und auf einen Feind zu projizieren, der außerhalb ihrer selbst, außerhalb ihrer Wohnung oder außerhalb ihres Landes existiert. Und sie finden in diesem Mechanismus, mit der Kränkung ihres Selbst fertig zu werden, genügend Bestätigung in anderen, mit denen sie gemeinsam gigantische Verteidigungspotentiale aufbauen, um sich des Bösen zu erwehren. Auch sie wollen ja – wie die Kinder –, daß aus der Anhäufung von Waffen kein Ernst, kein Krieg wird. Auch ihnen geht es ja nur um die Phantasie eines zukünftigen Krieges. Auch für sie soll das reale Manöver mit echten Waffen ja nur ein „Spiel" bleiben.

Der Umgang mit polaren Gefühlen wird dort entscheidend geprägt, wo er sich in der Lebensgeschichte eines jeden Menschen zu seinem Gegenüber spiegelt: z.B. in der ursprünglichen Beziehung des Kindes zu seiner Mutter. Winnicott, ein unter Fachleuten sehr bekannter Kinderanalytiker und Psychiater hat z.B. versucht, den Haß der Mütter auf ihr Baby zu enttabuisieren, damit sie es auch wirklich lieben kann: „Eine Mutter muß fähig sein, ihren Haß auf ihr Baby zu ertragen, ohne ihn in ihre Handlungen einfließen zu lassen ... Wenn sie, aus Angst vor dem, was sie tun könnte, nicht angemessen hassen kann, falls das Kind sie verletzt, muß sie auf Masochismus zurückgreifen, und ich glaube, darauf beruht die falsche Theorie vom natürlichen Masochismus der Frau. Das Bemerkenswerteste an einer Mutter ist ihre Fähigkeit, sich von ihrem Baby so sehr verletzen zu lassen und so sehr zu hassen, ohne es dem Kind zu spüren zu geben, auf spätere Belohnungen zu warten, die eintreffen werden oder auch nicht."[11]

Es ist ein bekanntes Phänomen bei ungeliebten Kindern, daß sie ihre Erzieher mit „Verhaltensstörungen" so lange herausfordern, bis deren Grenzen, etwa durch einen aggressiven Gefühlsausbruch, spürbar werden – vielleicht deshalb, weil sich die meisten Pädagogen so uneindeutig verhalten und vielleicht auch, weil diese Kinder kaum glauben können, daß sie wirklich geliebt werden. Die Provokation und die dann erfolgende Reaktion des Erziehers befreit das Kind vor der Unsicherheit, wie der vor ihm stehende Erwachsene wirklich ist, und es befreit das Kind zugleich vor der Angst, selbst grenzenlos in seinen Zerstörungsgefühlen zu sein.[12]

Auch die Videokriegsspiele stellen eine Provokation dar, und in gewisser Weise bieten auch Videokriegsspiele ein Szenario der Grenzenlosigkeit. Nicht nur, daß sie den Spieler in die Weite des Weltraums zu entführen scheinen, darüber hinaus scheint auf dem Bildschirm virtuell alles machbar: Die gesammte Welt läßt sich auf einem Rechteck mit einer Diagonale von 36cm herstellen, zu ihrer Bewältigung reicht ein einfacher Joystick. Die Gefühle der grenzenlosen Macht, der konsequenzlosen Zerstörungsphantasien, mögen den Kontrollwünschen der Pädagogen entsprechen. Auch sie gehen ja von der Hoffnung aus, grenzenlos über den ihnen anvertrauten Zögling verfügen zu können. Das Kind konfrontiert mit dem, was es gegen den Wunsch des Pädagogen tut, den Erwachsenen mit der Begrenztheit pädagogischer Verfügungsgewalt jenseits von Lob und Strafe, also jenseits der Mittel, die immer noch als die funktionalsten pädagogischen Mittel gelten.[13] Gerade das ist ja kränkend, in der Eigenständigkeit eines Kindes seine pädagogische Ohnmacht zu erfahren. Aber erst wenn Pädagogen ihre Größenvorstellungen erkennen und aufgeben können, erst dann werden sie auch sehen können, was von ihrem eigenen Verhalten durch das Kind auf sie zurückwirkt.

Wie aber ist individuelles Verhalten und Gesellschaft miteinander verschränkt? Welche Verhältnisse oder genauer: welche Beziehungsprinzipien wirken als Rahmenbedingungen auf Pädagoge und Zögling ein?

„Unser System ist das denkbar fortschrittlichste."

Eine Gesellschaft legt im Umgang der Erwachsenen miteinander fest, wie sich Haß und Feindseligkeit äußern dürfen, d.h., welche Aggressionsformen als notwendig gelten angesichts ihres äußeren „Feindes". In diesem Sinne ist eine Gesellschaft ein globales Modell für das, was Kinder lernen müssen, um zu überleben. Zu dieser Gesellschaft gehört nicht nur die außerordentliche Vielfalt und Widersprüchlichkeit individueller Schicksale, die man in der eigenen, z.B. pädagogisch verengten Perspektive, oft übersieht oder nicht übersehen kann, sondern dazu gehören zugleich auch die Größenvorstellungen, alles sei machbar. Gerade männliche Jugendliche in der Ablösungsphase von ihren Eltern sind für solche Vorstellungen besonders anfällig.[14] In einer Phase, in der sie sich in ihrem Betätigungsdrang gebremst fühlen, zugleich aber nun endlich erwachsen werden wollen, ist für sie die positive Identifikation mit dem gesellschaftlichen Aspekt wichtig, in dem sie ihre Zukunftsperspektive wahrnehmen – einerlei, ob die ältere Generation das, womit sich die Jugend beschäftigt, als aussichtslos oder zerstörerisch ansieht (etwa die moderne Technologie und die Inhalte, die sich damit umsetzen lassen), oder ob sich die Jugendlichen damit beschäftigen, gerade weil Ältere sie davon abhalten wollen.

Eine positive Identifikation mit einer Gesellschaft läßt allerdings nicht die Vorstellung zu, daß die eigene Gesellschaft gegenüber anderen Gesellschaften über die Maßen ungerecht oder gar zerstörerisch sein könnte, daß sie etwa ungerechtfertigte Kriegsvorbereitungen treffe. Mehr noch, positive Identifikation verlangt Eindeutigkeit: Wenn es „böse“ Menschen gibt (denen man nicht trauen kann), dann sind es die anderen. Und eine positive Identifizierung gelingt umso leichter, wenn sie sich an einen Führer anheften läßt, der dem Wunsch nach Eindeutigkeit entspricht: „Der Glaube an einen moralisch überwertigen Führer bestätigt die positive Identifikation seiner Anhänger. Alle anderen Meinungen über einen solchen Führer brächten die einzelnen in Konflikte, die ihnen zu gefährlich erscheinen. Haben sie nicht in ihrer Kindheit gelernt, daß der sicherste Platz auf Erden immer beim absolut guten und (vor allem moralisch) überlegenen Elternteil und in Front zum bösen, minderwertigen Elternteil ist?“[15]

Erstaunlicherweise gleichen sich die Bilder vom Feind nicht nur aktuell, sondern auch in der Geschichte. Reduziert auf die symbolische Wiedererkennung erweckt z.B. das Bild eines geharnischten Samurai die gleichen Ängste wie das bekannte CDU-Plakat aus den fünfziger Jahren gegen die Gefahr des Kommunismus oder wie das Äußere von Darth Vader aus dem „Krieg der Sterne“. Die Symbole für den Feind wirken zeitlos: So sieht der andere aus. Und obwohl diese Bilder aus uns selbst komnmen und in uns selbst wirken, besteht allenthalben die Tendenz, sie als einen Hinweis für unsere eigene böse Seite zu verleugnen. Selbst diejenigen, die sich, um eindeutig das Gute zu erreichen, auf der antimilitaristischen Seite unserer Gesellschaft wähnen, haben ihren „Feind“, die Militaristen. Sie bilden somit den Gegenpol im eigenen Lager. Aber sie unterliegen wahrscheinlich auch der gleichen Selbsttäuschung wie die Militaristen. Antimilitarismus und Militarismus kennzeichnen nämlich eine ganz ähnliche Variante, das Problem der Ambivalenz im Selbst zu lösen. Beide bekämpfen den Feind im Außen, beide versuchen, den Feind in sich selbst zu verleugnen.[16]

Auch die Videokriegsspiele der neueren Generation stellen den Feind im Außen dar – lokalisierbar und, in besonders perfiden Varianten („Raid over Moscow“) im Einklang mit dem gesellschaftlichen Feindbild. Die Spielsituation dagegen bildet den Kampf im Inneren des Spielers ab, nämlich die innere Aufspaltung bis hin zu wahnhaften Vorstellungen. Gott sei Dank bleibt das Videokriegsspiel nur ein Spiel. Die Realität hingegen, begriffen als gigantische Abbildung des innerseelischen Szenarios, enthält tendenziell die gleiche Aufspaltung zwischen gut und böse, innen und außen. Die Seite, die der Hoffnung auf das Gute, auf den dauerhaften Frieden entspricht, erschöpft sich historisch und aktuell bisher jedoch in fruchtlosen Regelungsversuchen, etwa durch politische Verhandlungen. Mit ihnen wird die Sorge um die Zukunft beschwichtigt, es kann alles so bleiben wie es ist.

Die Hoffnung auf den Status quo ist zugleich aber auch die grandioseste aller Illusionen. Trotz des Wunsches nach Frieden, in dem die gute Seite des Ambivalenzszenarios zum Ausdruck kommt, sind auf der Ebene internationaler Beziehungen alle Regelungsversuche nämlich bisher in dem Sinne gescheitert, daß sie die Umsetzung der bösen Phantasie in z. B. Kriegshandlungen nicht haben verhindern können. Im Gegenteil: Begrenzungsversuche der Zerstörungslust haben auf beiden Seiten der Verhandlungspartner immer wieder dazu herausgefordert, den Status quo durch Weiterentwicklungen etwa auf technologischem Gebiet zu umgehen. Gerade das hat ja die Menschheit dahin gebracht, daß sie sich heute auf Knopfdruck gleich mehrfach vernichten kann! Und auch innergesellschaftlich herrscht ja das gleiche Prinzip, daß gerade das Verbotene verlockt, herausfordert und neue Cleverness produziert – bis hin zur ökologischen Katastrophe.

Wenn aber jemand innerlich so wird, wie das vorhandene Modell, an dem er sich spiegelt, dann kann Pädagogik wahrscheinlich am allerwenigsten dazu beitragen, daß sich aufgrund ihrer Impulse die globalen Verhältnisse irgendwann einmal anders herum entwickeln.

Politische Bildung

Die bisherigen Ausführungen mögen deutlich gemacht haben, wie ungeklärt noch das Verhältnis von individueller Entwicklung und internationalen Beziehungen ist. Diese Ungeklärtheit spiegelt sich auch in der Art des Umgangs mit dem Problem der Videokriegsspiele: Um welches Problem geht es dabei überhaupt? Um ein politisches oder um ein pädagogisches? Ich will versuchen, darauf thesenartig zu antworten.

Bei Videokriegsspielen geht es zunächst einmal um ein Problem des einzelnen Pädagogen, nämlich daß er sich im Verhalten des

Kindes mit etwas konfrontiert fühlt, dessen Bedingungen er nicht beeinflussen kann, weder nämlich die frühe Mutter-Kind-Beziehung noch die globalen Verhältnisse, in denen er mit dem Kind arbeitet. Er kann lediglich in der Begrenztheit seiner Person auf seinen Zögling Einfluß nehmen. Er kann allerdings im Zögling seine eigene Ambivalenz wiedererkennen, etwa wie weitgehend er sich mit Verhältnissen in anderen Menschen konfrontieren kann, die sein Wunschbild einer harmonischen Begegnung zu zerstören drohen. Je besser ein Pädagoge die Spannung zwischen seinen Wünschen nach positiver Beziehung und der Realität des mit Krieg beschäftigten Kindes vor ihm aushalten kann, desto weniger muß er das „Schlimme" vor ihm als Angriff interpretieren, desto mehr kann er den Videokrieg als Verteidigungsphantasie eines verletzten Menschen wahrnehmen. Dies wäre eine notwendige Voraussetzung für eine vertrauensvolle Beziehung, in der auch der Zögling etwas vom Pädagogen annehmen würde.

Im politischen Sinne geht es bei den Videokriegsspielen m. E. um die Verantwortung der Politik für die Pädagogik. Wenn es mit politischen Mitteln keinen Zugang zum Problem individueller Gefühlsambivalenzen in Jugendlichen gibt und wenn sich beim Krieg im Spiel auch ein Problem des Pädagogen offenbart, dann liegt es in den politischen Kräften, zu unterscheiden, welche Zukunftswünsche sie an die Pädagogik delegiert und welche in ihrem eigenen Verantwortungsbereich liegen. Man kann nicht erwarten, daß es gelingt, Kinder auf eine Zukunft hin zu erziehen, die mit der Gegenwart nicht übereinstimmt, und an der jede Realitätsprüfung scheitern muß.

Die politische Verantwortung gilt also für die Rahmenbedingungen von Pädagogik. Sie gilt für die Werte, Normen und Verhaltensstrategien, die zwischen Erwachsenen gelten und in die sich ein junger Mensch einfügen muß, will er seinen Weg machen. In diesem Sinne ist die Politik auch verantwortlich für die Bilder und Strukturen, die Jugendliche in Videokriegsspielen so faszinieren. Es sind diejenigen, die in politischer Verantwortung für alle Menschen existieren, und zwar als Realität z.B. von Panzern, Angriffs- und Abwehrwaffen. Solche Rahmenbedingungen müssen auf den pädagogischen Kontext bezogen werden und nicht umgekehrt einseitig die pädagogischen Ziele für eine Zukunft auf eine vorhandene andere Realität. Es wäre nämlich anmaßend zu glauben, mit Pädagogik könne man mittel- oder unmittelbar auf internationale Verhältnisse einwirken.

Darüber hinaus werden pädagogische Ziele meist gar nicht einmal durch Pädagogik erreicht, sondern mehr durch die positive Bindung des zu Erziehenden an seinen Lehrer (die Kinder wachsen nämlich von ganz alleine). Nicht zuletzt deshalb wird die Schule als die wichtigste gesellschaftliche Bildungsinstitution so wenig positiv wahrgenommen, weil sie nur in den seltensten Fällen die Rahmenbedingungen für positive Beziehungen bietet. In der Schule herrscht eher Ablehnung, Demütigung und hochgradig beängstigende Konkurrenz. Sie ist in der traditionellen Form der ungeeignetste Ort, eine Änderung der Verhältnisse durch Erziehung zu erwarten.

Eine Aufgabe der politischen Bildung wäre daher, zur Aufklärung über Lebensverhältnisse beizutragen, die im „Inneren" die Spieler hervorbringen, und die nach außen hin den „Feind" produzieren (müssen), den sie zur eigenen Stabilisierung (auch heute noch) brauchen. Politische Bildung müßte die Schicksale der Spieler offenlegen, in denen die gesellschaftlich organisierte Angst vor dem Feind als ein inneres Problem verknüpft mit den Lebensverhältnissen des Spielers sichtbar wird. Und schließlich müßte politische Bildung sich die Erkenntnis zunutze machen, daß man nur dann Verhandlungsbereitschaft erzielen kann, wenn eine grundsätzliche Akzeptanz der Verhandlungspartner gewährleistet ist. Verbote, Sanktionen oder Repressionen sind in diesem Sinne der ungeeignetste Weg, das Problem der Videokriegsspiele so zu lösen, daß die spielenden Jugendlichen zu beiden Seiten in sich und zur positiven Seite außerhalb ihrer selbst Zugang finden.

Nachtrag

Ich will nicht leugnen, daß gerade junge Menschen Orientierungen brauchen, was sein soll und was nicht sein soll. Aber neigen wir nicht aus verständlichen Gründen immer wieder dazu, den Weg des geringsten Widerstandes zu gehen? Und schützt uns ein Verbot eines ungeliebten Zustandes nicht vor der Auseinandersetzung mit dem, was ihn nötig macht?

3. Friedenserziehung

Kinder und Krieg

Was bedeutet Kindern Krieg?

In einer Zeit, in der wir als Westeuropäer mehr denn je um unsere Sicherheit bangen, muten Kinder, die unbeeindruckt von dem Ernst der Lage mit Pistolen um sich schießen oder gar den Atomkrieg spielerisch an der nächsten Straßenecke inszenieren, ausgesprochen widersinnig an, vor allem wenn sie mit noch so guten Aufklärungsversuchen über die Bedeutung dessen, was sie da tun, nicht zu erreichen sind. Haben sie etwa keine Angst vor dem Krieg wie wir Erwachsene? Was bedeutet eigentlich Kindern Krieg?

„Krieg bedeutet der Mehrzahl der Kinder wenig, solange er nur ihre körperliche Sicherheit bedroht, ihre Lebensbedingungen verschlechtert und ihre Rationen kürzt; er gewinnt erst einschneidende Bedeutung, wenn er den Familienverband auflöst und damit die ersten Gefühlsverbindungen der Kinder an ihre nächsten Angehörigen erschwert. Viele Kinder haben aus diesem Grunde die Aufregungen des Londoner Bombardements besser vertragen, als die zu ihrem Schutz vorgenommene Evakuierung aus der Gefahrenzone.“[1] Zu dieser Auffassung gelangten Anna Freud und Dorothy Burlingham aufgrund mehrjähriger Arbeit mit Kindern im Zweiten Weltkrieg. Wie kann man verstehen, daß Kinder inmitten des Krieges keine Kriegsangst haben, daß zum Schutz gedachte Maßnahmen in ihnen einen größeren Angstschock auslösen, als die im Nachbarhaus einschlagende Granate? Wie also kommt eigentlich Kriegsangst zustande und was bedeutet sie?

Stellen wir uns dazu vor, wie sich aus dem wachsenden Kind, unabhängig von Kriegs- und Friedenszeiten, auch in wachsendem Maße die Welt erschließt, um herauszufinden, welche Ereignisse für Kinder bedeutsam sind, also in ihnen auch Angst auslösen können.

Da ist zunächst der Säugling, das ganz kleine Kind, das unfähig ist, eigene Schritte in die Welt hinaus zu machen und sich nicht einmal annähernd auf die Konflikte der Erwachsenen oder gar Kriegserlebnisse einstellen kann. Es ist lebensabhängig von der Verbindung zu den liebenden und schützenden Eltern. Nach etwa einem Dreivierteljahr beginnen Kinder, sich von der Mutter fortzubewegen, um die nähere Welt zu entdecken. Aber nicht zu weit, denn so wie in Zeiten der Unbeweglichkeit Hunger, Kälte und Abwesenheit Todesangst in ihnen auszulösen vermochten, ist jetzt abzumessen, welche räumliche Entfernung Kinder aushalten. Man kann immer wieder beobachten, wie verzweifelt und wütend sie reagieren, wenn sich ihre Eltern beim Spaziergang zu weit von ihnen entfernen.

Schließlich wird aus dem Kleinkind das Kindergarten- und Schulkind, das schon eine Weile von den geliebten Eltern getrennt existieren kann, ohne in Panik zu geraten. Die Eltern könnten eigentlich erkennen, wann es für das Kind zu lange war. Das Abweisen ihrer Person durch das Kind ist dafür ein deutliches Signal.

Die Welt des Kindes weitet sich also nur ganz allmählich aus. Das Heranwachsen des Kindes und sein Ausprobieren immer größerer Entfernungen und Unabhängigkeit wird leider allzuoft von den Lebensumständen der Eltern, d.h. den Erfordernissen eines modernen Berufsalltags gestört, von Lebensumständen, die es meist nicht zulassen, ganz der Entwicklung und den Möglichkeiten des Kindes zu folgen. Weil also von Kindern in vielen alltäglichen und scheinbar unbedeutenden Szenen etwas verlangt wird, was sie auszuhalten eigentlich noch nicht imstande sind, gehen Ängste von Kindern auf die Einschränkungen und Bedrohungen ihrer Wachstumsmöglichkeiten zurück und verlangen von ihnen, sich nach ihren Fähigkeiten zu schützen oder gar zu verteidigen.

Je früher ein Kind solche Bedrohung z.B. durch Trennung erlebt hat, desto stärker ist dieses Erlebnis mit grundlegenden Bedingungen der eigenen Existenz verknüpft, desto gravierender wird der „Ein"-druck sein und eine desto massivere „Verteidigung" seiner Existenz wird das Kind brauchen. Todesangst oder Angst vor Vernichtung ist für Kinder also in erster Linie mit der Nähe zu den sie schützenden und versorgenden Menschen verbunden.

Und so läßt sich jetzt vielleicht besser verstehen, daß Kinder weniger vor wirklichen Bomben Angst haben als davor, von den

Menschen getrennt zu werden, an denen ihre gesamte Existenz hängt. Erst später, wenn sie als Jugendliche stark genug für die Ablösung von ihren Eltern geworden sind, werden sie in der Lage sein, die Gefahren aus ihrem weiteren Umfeld, ja sogar aus internationalen Beziehungen als Bedrohung ihres Lebensbereiches zu erkennen und entsprechend darauf zu reagieren.

Verteidigungs- und Vernichtungswünsche von Kindern haben also nicht einen abstrakten Feind zum Ziel, der irgendwo hinter der Landesgrenze vermutet wird, sondern die unmittelbare Lebenswelt, ja schließlich sogar Vater und Mutter als Personen in allernächster Nähe. Und hier beginnt häufig ein Teufelskreis für die Kinder, die mit Wut auf Verletzungen durch ihre Eltern und Erzieher reagieren, zugleich aber für diese Wut bestraft und damit erneut verletzt werden. Denn gegen seine Eltern ist man nicht böse oder wütend, seinen Eltern hat man dafür zu danken, daß man auf der Welt ist.

Jüngere Kinder drücken schmerzliche Erfahrungen oder Angst oft noch in archaischen Symbolen wie King-Kong, Dracula und großen aggressiven Tieren aus, etwa in der Faszination für die große Katze Tom, die die kleine Maus Jerry verfolgt. Ältere Kinder dagegen benutzen die ihnen aus der Erwachsenenwelt angebotenen Symbole realer Kriege in Film und Fernsehen. Die Verkleidung ihrer Ängste wirkt daher so realitätstüchtig, daß man immer wieder über die Naivität erstaunt ist, mit denen Kinder diese Symbole in ihre Phantasiegeschichten einbauen, wie z.B. der neunjährige Grundschüler Jan in einem Aufsatz, den er in einer Unterrichtsstunde zum Thema Krieg schrieb: „Es war Krieg in Frankfurt, da mußten auch die Kinder mitschießen. Wir bekamen Gewehre geliefert. Ich hatte sehr viel Angst. Die Schule war umstellt. Es stellte sich heraus, daß ich, Jan, Jens, Dirk und Uli und Christian die besten Schützen waren. Wir schossen uns frei und sie zogen sich zurück."[2]

Kein Wort davon, daß die Eltern die ersten sind, bei denen die Kinder Schutz suchen könnten. Kein Hinweis darauf, wer angreift und wer die Waffen liefert. Solche Phantasien, die übrigens in dieser Altersstufe sehr weit verbreitet sind, lassen nichts mehr von einer schützenden und versorgenden Beziehung zu den Eltern erkennen, dagegen aber eine eindeutige Überschätzung der eigenen Kräfte und Möglichkeiten.

Das und wie in den Kriegsphantasien von Kindern die Trennung von ihren Eltern als ihr grundlegendes Problem verborgen ist, als ihre größte Angst vor Krieg, zugleich aber das Szenario Krieg als die beste Möglichkeit, diese Angst auszudrücken und sich darin als fähig zur Verteidigung zu phantasieren, das möchte ich durch einen Beitrag des ebenfalls neunjährigen Dirk charakterisieren: „Ich fühle Angst in mir. Ich fühle meinen toten Vater. Ich fühle meine Mutter im KZ. Ich habe Angst in mir. Ich muß eine Gruppe bilden. Ich nenne sie die Magermilchbande. Wir müssen nach Berlin. Tag für Tag bekomme ich Angst, ich muß mich trennen. Ich gehe zum Bund und nach Berlin mit den Soldaten."

Es ist erschreckend, welches Maß an Hoffnungslosigkeit in dieser Beschreibung enthalten ist, und zugleich, welchen Weg Dirk zu ihrer Verabreitung wählt. Sie ist typisch für Jungen dieses Alters, wenn sie auch nicht immer so deutlich sichtbar wird. Was aber ist mit den Mädchen? Auch sie haben schließlich Trennungserlebnisse hinter sich, auch sie sind als Kinder ebenso verletzlich wie Jungen. Auch sie haben Gefühle von Angst und Wut.

Kriegsphantasien bei Mädchen und Jungen

„Wenn ich schlimm geträumt habe, bekomme ich Angst, oder wenn ich einen Krimi gesehen habe und ich allein zu Hause bin, bekomme ich fürchterliche Angst. Wenn man abends allein auf der Straße ist, kriegt man auch Angst." (Martina, 7. Gesamtschulklasse)

In Verbindung mit dem Stichwort Krieg bleiben die meisten Mädchen im wahrsten Sinne des Wortes „zu Hause". Sie glauben, daß sie dem Krieg hilflos, ohnmächtig und untätig über sich ergehen lassen müssen, ja daß sie selbst bis in den Keller hinein verfolgt werden:

„Überall wird geschossen. Ich sitze unten im Keller und fürchte mich. Überall donnert es. Ich höre Schreie, wenn die Soldaten in den Keller eindringen.", schreibt Sabine.

Monika, wie Sabine aus einer vierten Grundschulklasse, meint:

„Ich finde es doof, wenn Krieg ist. Da sind fast alle Männer Soldaten und Frauen und Kinder sitzen in den Häusern und sterben oder verlieren ihre Arme und Beine und können nichts tun."

Und Claudia: „Dann stürzen die Soldaten immer in die Häuser rein und schießen die Kinder und die Frauen tot."

Über alle Altersstufen hinweg entwickeln die Mädchen auffallend viele Verstümmelungsphantasien. Diese wirken wie das Pendant zu den aufragenden Röhren der Gewehr- und Panzerrohre in den Zeichnungen von Jungen, eine Symbolik, die durch das Schießen aus diesen Rohren noch verstärkt wird.

Die Vorstellung totaler Vernichtung oder grenzenloser Verteidigung („Wenn Krieg wäre, dann würde ich mich in ein Flugzeug setzen und würde ich alles abknallen", Uwe, 9 Jahre) drücken Allmachts- bzw. Ohnmachtsgefühle aus. Sie zeigen eine Erlebnisqualität, die weit vor Beziehungserfahrungen zwischen gleichaltrigen Jungen und Mädchen liegen. Es sind dies Lebenserfahrungen der totalen Hilflosigkeit gegenüber der einfachsten Befriedigung elementarer Bedürfnisse, der totalen Wehrlosigkeit des ganz kleinen Kindes und der totalen Unfähigkeit, sich mit den Mitteln Erwachsener zur Wehr zu setzen.

Hilfslosigkeit und Allmacht ist nur dann phantasierbar, wenn sie überhaupt einen Bezug zu einer persönlichen Erfahrung von Verzweiflung hat, vielleicht einer Verzweiflung, die ebenso elementar ist wie es die Bedürfnisse waren, für die diese Kinder im frühesten Lebensalter einmal gekämpft haben. Auch heute müssen viele andere Jungen noch kämpfen, auch heute noch haben die Mädchen vor den Jungen Angst und sind zugleich stolz, wenn um sie gekämpft wird. Auch heute dient den Kindern das gemeinsame Kriegsspiel noch dazu, ihre Wut und ihre Angst zugleich auszudrücken. Wovor haben sie Angst? Und wie können Erwachsene Eltern und Pädagogen ihnen helfen? Wie sollen sie mit der Kriegsangst der Kinder umgehen?

Kriegsphantasien als Ausdruck vor Angst

Nie zuvor war unsere Angst vor einem Atomkrieg auf unserem Territorium größer als in den heutigen Tagen. Die Stationierung von Atomwaffen und zugleich die geringen Hoffnungen, die wir auf Abrüstungsverhandlungen setzen, lassen das Schlimmste befürchten. Obwohl wir schon seit Jahren auf dem Pulverfaß unzähliger

Waffenarsenale sitzen, ist dies offensichtlich jetzt erst so richtig bewußt geworden. In unseren Phantasien sehen wir die Bomben bereits explodieren, das Leben bereits vernichtet. Dennoch: Wir leben im Frieden. Allerdings ein Friede, der aus einem Krieg entstanden ist und in dem mit zunehmender Aufrüstung ein neuer Krieg immer wahrscheinlicher zu werden droht. Die Zukunft aber liegt nicht nur in unseren Händen, sie liegt auch in den Händen der Kinder. Wie können wir erreichen, daß sie mit den Erwachsenen den Frieden bewahren? Wie wäre ihnen zu helfen in dem Widerspruch dessen, was sie mit Krieg verbinden und wie sie Krieg spielen, zu dem, was Krieg für die Erwachsenen bedeutet?

Wenn Krieg für Kinder in erster Linie das Mittel ist, mit dem sie ihre Konflikte aus ihrer nächsten Umgebung darstellen, kann Aufklärung über wirklichen Krieg allein die Kriegsängste und -phantasien nicht beseitigen. Es gibt viele Beispiele dafür, daß die besten Bemühungen Erwachsener, sie von den wilden Kriegsspielen abzubringen, nichts fruchten. Wenn den Kindern jegliches Kriegsspielzeug abgenommen wird, dann beißen sie sich schließlich aus einem Stück Brot eine Pistole und schießen damit. Je mehr Erwachsene sie von ihrem Krieg abzubringen versuchen, desto mehr scheinen sie sich bewaffnen zu müssen. Was macht eigentlich solche Angst vor dem Geballere der Kinder? Sind es die Erwachsenen, die Spiel und Phantasie nicht auseinanderhalten können?

Kinder spielen Krieg, und das scheint immer noch harmloser zu sein, als wenn Erwachsene Krieg machen. Vielleicht halten kriegspieldende Kinder uns Erwachsene einen Spiegel vor Augen. Indem sie das tun, wovor wir so viel Angst haben, zwingen sie uns, zu unseren eigenen Wut- und Haßgefühlen und zu eigenen Zerstörungsphantasien Stellung zu beziehen. Im Alltag hat man, wenn man besonders wütend ist, so leicht dahergeredet: „Da könnte ich jetzt eine Bombe reinschmeißen!“ Da sind die täglichen Auseinandersetzungen, ohne daß man diese überhaupt noch als etwas Besonderes wahrnähme, mit militärischen Ausdrücken durchsetzt. Da gibt es den „Grabenkrieg“ in der Familie, da sieht es im Kinderzimmer aus „wie auf dem Schlachtfeld“, da wird in Auseinandersetzungen „scharf geschossen“. Dies ist sicher kein richtiger Krieg, er ist nicht so gefährlich wie wirkliche Bomben, aber sind die zermürbenden und verletzenden Auseinandersetzungen in Familie und Beruf nicht oft

Grund genug, Verteidigungswaffen zu phantasieren, die nicht weniger schlimm sind, als die wirklichen Waffen? Und kippt die phantasierte kriegerische Auseinandersetzung, wie sie in den Kriegsphantasien der Kinder zum Ausdruck kommt, nicht allzuoft in bitteren Ernst um?

Niemand könnte heute, selbst wenn er es wollte, seinen Kindern verletzende Erfahrungen vollständig ersparen. Niemand könnte nur gut zu seinen Kindern oder Mitmenschen sein. Dazu steckt jeder selbst viel zu sehr in Verhältnissen, gegen die er sich gerechterweise zur Wehr zu setzen versucht. Erwachsene sind vor Kindern sehr schnell mit Rechtfertigungen dafür zur Hand. Müssen sie nicht genauso die Rechtfertigungen der Kinder akzeptieren lernen, gerade wenn sie in einer Form vorgebracht werden, die mehr den Gefühlsanteil als die ausgefeilte verbale Entschuldigung enthält? Für Erwachsene könnte das Kriegsspiel des Kindes und seine Kriegsphantasie ein Spiegel seiner inneren Situation sein, in der er sich gerade befindet. Wenn es ein höchst plausibles Sicherheitskonzept ist, sich gegen die Angst vor dem Feind zu bewaffnen, vor wem oder was haben Kinder dann Angst?

Anstatt den Kindern das richtige Verhältnis zum Thema Krieg beizubringen oder das Kriegsspiel oder die Kriegsphantasien wegzuerziehen, sollte man sich erst einmal zu seinem eigenen alltäglichen Krieg bekennen, d.h. dazu, daß man Kinder durch Einschränkungen, unscheinbare Vernachlässigungen, Kränkungen oder Erniedrigungen und natürlich durch unzumutbare Trennungen in Situationen bringen, wo diese zu recht mit Wut reagieren. Nur wenn man seine Wut auf Kinder zulassen kann, kann man auch die Wut der Kinder akzeptieren.

Kinder können in ihren Kriegsphantasien und ihren Kriegsspielen ein Stück weit zeigen, in welchem Kriegszustand sie sich mit Erwachsenen befinden. Zu diesem alltäglichen Krieg gehört sicher auch das Stück Erziehung, das ihnen mit den Kriegsphantasien etwas offenbar sehr Wichtiges verbieten will. Aus eigener Erfahrung sollte man wissen, daß Verbote in der Erziehung selten hinreichend genützt, vielmehr enorme Schuld- und Wutgefühle gegen die Erzieher gemacht haben.

Statt mehr Erziehung und Aufklärung ist also der erste Schritt im Umgang mit den Kriegsphantasien, sich selbst dem Kind gegenüber als Feind wahrnehmen zu können. Das ist sehr viel verlangt. In der Regel sind nämlich immer wie die Kinder, die unsere Eltern für ihr Erziehungsverhalten anklagen. Selten sind wir es als Eltern, die akzeptieren können, daß das eigene Kind uns zu recht haßt, daß es zu recht Tötungsphantasien gegen uns hat. Schließlich gibt es auch bei uns Erwachsenen verborgene Phantasien, in denen wir die Kinder manchmal „an die Wand knallen" könnten.

Wie aber kann man nun mit Kindern über den wirklichen Krieg reden? Am aufnahmebereitesten sind Kinder sicherlich dann, wenn sie selbst fragen. Am ungünstigsten ist der Zeitpunkt, wenn sie mit ihren Kriegsphantasien beschäftigt sind.

So wie Kinder laufen lernen, wenn ihr Organismus dazu bereit ist, fragen sie auch zu ihrer Zeit nach den Dingen, die für sie gerade interessant sind. Zu solchen Zeiten haben Kinder meist mehr Erfahrungen, als man ihnen im Zusammenhang mit den Thema Krieg zutraut. Damit sind die Erfahrungen von Schutzlosigkeit, Haß und Tod gemeint, für die Waffen und Kriegshandlungen ja nur die äußeren Abbildungen liefern. Man muß mit ihnen darüber sprechen, wenn man verhindern will, daß Kinder diese Fragen und diese Themen in sich verstecken müssen. In der Formulierung „dazu bist Du noch zu klein", steckt allzuoft: „Ich kann es Dir noch nicht erklären". Es ist sicher besser, den Kindern dies zu sagen, als sie mit einer unbeantworteten Frage fortzuschicken.

Es gibt sehr viele Theorien, warum es Kriege gibt. Aber wenn man in der Geschichte zurückblickt und zugleich an die politische Zukunft denkt, kann man sich dann noch selbst vormachen, wirklich genau zu wissen, „wo es langgeht"? Mit Kindern über Krieg zu sprechen, heißt in diesem Sinne, sich selbst zu entwaffnen von Ideologien, von dogmatischen Theorien und von Feindbildern, die immer andere zu Feinden machen, selbst im eigenen Lager, nur nicht sich selbst. Und entwaffnen heißt in erster Linie, dem Kind die Möglichkeit des In-Frieden-Aufwachsens, des Im-Frieden-stark-Werdens zu ermöglichen. Kinder, die ihre Eltern lieben können, weil sie sich von ihnen beschützt fühlen, und die ihre Eltern hassen dürfen, wenn sie sich von ihnen verletzt oder gekränkt fühlen, werden stark genug, denen Sicherheit zu geben, die jetzt noch Waffen nötig haben.

Bleibt schließlich die Frage: Warum gibt es Krieg? Kinder sind bei der Antwort noch nicht wie Erwachsene an der Vergangenheit interessiert. Kinder fragen auf die Gegenwart hin gerichtet: „Wozu ist das da, was kann man damit machen?“ Die Grundlage einer Antwort könnte sein: „Die Menschen machen Krieg, damit sie nicht mehr solche Angst voreinander haben.“ Und hier gibt es sicherlich genug Beispiele dafür, wie sich Menschen gegenseitig Angst gemacht haben, sei es im Bereich der Ökonomie, der Ausbeutung, sei es im innergesellschaftlichen oder im internationalen Zusammenhang.

Nur der wird sich seine Waffe aus der Hand nehmen lassen oder selbst aus der Hand legen, dessen Angst akzeptiert wird und dem sich ein Weg des Vertrauens auftut; der die Bedrohung nicht mehr im Feind suchen muß, und sei dies das bewaffnete Kind, sondern der erkennen kann, daß er genauso selbst die waffenstarrende Drohgebärde in sich trägt. Und dies gilt gleichermaßen für Väter und Mütter, für Jungen und Mädchen.

Vertragen und nicht schlagen

Friedenserziehung im Kindergarten

Der Begriff „Friedenserziehung" ist zu Beginn der 70er Jahre entstanden aus dem Bemühen um Erziehungskonzepte, die einen dauerhaften Frieden näher bringen könnten. Allerdings wurde Friedenserziehung zunächst als Vermittlung friedenspolitisch bedeutsamer Bildungs*inhalte* verstanden und war damit in erster Linie für Schüler älterer Jahrgangsstufen gedacht. Überlegungen, was man denn bereits im Vorschulbereich Sinnvolles tun könnte, waren deshalb schwierig, weil es bisher niemandem gelungen ist zu beweisen, daß und wie das Verhalten des Kleinkindes und die internationale Politik zusammenhängen. Man kann deshalb leider immer noch nicht genau sagen, was man als Eltern oder Erzieher tun sollte, um ein Verhalten beim Kind zu unterstützen, das Friedensfähigkeit im Erwachsenenalter garantiert – ganz abgesehen davon, daß die Mehrheit in unserer Gesellschaft ganz andere Auffassungen von Erziehung und Friedenspolitik hat als diejenigen, die sich über „Friedenserziehung" Gedanken machen. Immerhin erscheint es plausibel, daß die Förderung einer Konfliktfähigkeit, die auf gewaltförmige Mittel verzichtet, die Grundlage einer Friedenserziehung sein könnte.

Warum aber ist bei Konflikten zwischen Kindern die Aufforderung „Vertragt euch doch!" oft so fruchtlos? Warum schlagen sich überhaupt Kinder, und wie hängt dies mit der Person des Erziehers oder den Eltern zusammen? Da niemand einem anderen, auch keinem Kind, grundloses Handeln unterstellen kann, möchte ich zunächst zwei Gründe nennen, die die häufigsten Ursachen für blinde Aggressionen und damit für Konfliktunfähigkeit darstellen:

Erstens: die Angst, verletzt zu werden, gekränkt zu werden, angegriffen zu werden, zerstört zu werden – und um so größer die

Aggression, desto größer wahrscheinlich auch die dahinter verborgene Angst. Diese Angst kann auch von Erlebnissen herrühren, in denen man verletzt wurde, ohne sich heute noch daran zu erinnern.

Zweitens: die erlebte Kränkung oder Verletzung und der Angriff selbst. Auch wenn sich die Äußerungsformen der Wut über Kränkung von Kind zu Kind, von Erzieher zu Erzieher und von Elternteil zu Elternteil sehr stark unterscheiden, so sollten sie doch einerseits zunächst einmal hingenommen werden als die Form, die jemand als seiner Lebenssituation angemessen entwickelt hat. Andererseits aber wäre zu fragen, wie man Angst und Verletzungsgefahr soweit vermindern kann, daß sich alle Fähigkeiten eines Kindes im Zusammenspiel mit Eltern, Gruppe und Erziehern optimal entwickeln können, also auch die Fähigkeit, Konflikte kooperativ zu lösen. Denn: Wer allzusehr mit seiner Angst und seiner Wut beschäftigt ist, hat keinen Raum für anderes.

Wie aber kommt ein Kind in eine Situation, in der es Angst hat oder sich verletzt fühlt? Ich möchte aus der Vielzahl von möglichen Situationen solche auswählen, die das Entstehen von Angst und Wut in einen *sozialen* Zusammenhang bringen und damit zugleich die wechselseitige Eingebundenheit von Eltern und Erziehern zeigen, die diesen meist gar nicht so deutlich bewußt ist. Ich wähle dazu Situationen, in die man sich wahrscheinlich ganz gut einfühlen kann: die Angst, ausgeschlossen zu sein oder zu werden, und die Wut, die man dadurch bekommen kann.

Das Problem, in die Gruppe hineinzukommen

Ich beginne mit einer Morgenszene in einem Kindergarten. Es ist 8.15 Uhr. Die Erzieherin, Frau K., sitzt mit einigen Kindern ihrer Gruppe, vor allem Mädchen, am Tisch. Sie schneiden Buntpapier aus. Drei weitere Kinder spielen in einer Ecke des Gruppenraums Hochzeit. Alles wirkt ruhig und friedlich, bereit, die nächsten Kinder zu erwarten. Und schon geht auch die Tür auf. Alex mit seiner Mutter an der Hand betritt den Raum. Frau K. schaut von ihrem Basteln auf und begrüßt Mutter und Sohn freundlich. Alex will seine Mutter erst nicht gehen lassen, und sie kann sich ihm auch nur mit Gewalt entziehen. Unschlüssig bleibt er an der Tür stehen, nachdem die

Mutter gegangen ist. Nach einigen Augenblicken geht er zögernd durch den Raum auf die Tischgruppe zu, rempelt einen anderen Jungen an und verwickelt sich danach mit ihm in eine Schlägerei, so bedrohlich, daß Frau K. eingreifen muß. Sie steht auf und versucht, auf Alex beruhigend einzureden. Frau K. ist nach meinem Gefühl eine warmherzige Frau, eine nette Erzieherin, die von ihren Kindern sehr gemocht wird, auch von Alex. Die Szene mit ihm jedoch wiederholt sich jeden Morgen. Auch andere Kinder geraten dadurch in heftiges Rumtoben, was fast immer in Schlägereien mit Tränen endet.

Alex und auch die übrigen aggressiven Kinder kommen, nach Kenntnissen von Frau K., aus Elternhäusern, die den Kindern offenbar problematische Lebensbedingungen bieten. So arbeiten beide Eltern von Alex ganztags und sind deshalb darauf angewiesen, ihn so lange wie möglich von Fremden betreuen zu lassen. Ob die Eltern wirklich durch die Lebensumstände gezwungen sind, diese gegen ein Dasein für ihr Kind abzuwägen, scheint Frau K. zumindest bei Alex zweifelhaft, denn beide Eltern arbeiten in gehobenen Berufen. Frau K. ist also der Auffassung, daß Alex ein ungeliebtes Kind sei, wie die anderen aggressiven Kinder mehr oder weniger auch. Warum aber gelingt es ihr nicht, Alex davon abzubringen, daß er gleich zu Beginn und nahezu jeden Morgen andere Kinder attackiert? Muß sie die Auswirkungen der Lebensbedingungen auf Alex ohnmächtig ertragen? Oder könnte sie den Elternwillen respektieren und Alex zugleich unterstützen?

Der Schlüssel zu einer Lösung liegt wahrscheinlich in der Anfangsszene selbst: Frau K. wartet, bis die Gruppe vollständig ist. Bei ihrer Planung hat sie sich auf diese offene Situation eingerichtet. Sie setzt sich mit den ersten Kindern, die kommen, an einen Tisch schräg gegenüber der Tür, in der Hoffnung, daß sich neu hinzukommende problemlos in die Beschäftigung bereits anwesender Kinder einfädeln können. Von ihrer Position aus kann sie die Neuen sofort sehen und begrüßen. Aber: Sie bleibt bei dieser Begrüßung sitzen. Die Kinder müssen – meist allein – quer durch den Raum zu ihr gehen. Für Alex, der gebracht wird, wenn andere schon in ihrer Beschäftigung mit Frau K. vertieft und fast alle Stühle von der Tischgruppe besetzt sind, ist dies ein weiter Weg. Zudem muß er in eine bestehende Gruppe hineinkommen, im Nacken die Angst, daß er dies nicht schaffen könnte.

Für die Hand der Mutter, die er höchst ungern loslassen muß, bekommt er den freundlichen Gruß von Frau K. Eigentlich ist er wütend über seine Mutter, die ihn loswerden will (weil ihr Chef schimpft, wenn sie zu spät kommt), und muß auch noch den Weg zu einer Gruppensituation alleine machen, von der es höchst zweifelhaft ist, ob es für ihn mit seiner Wut im Bauch überhaupt einen Platz geben wird. Frau K. dagegen müßte, um Alex ihre Hand anzubieten, aufstehen, was ihr wiederum den Unmut der Tischgruppe einbringen könnte. Auch sie hat ja ein Interesse an einer sinnvollen und nicht zuletzt ungestörten Beschäftigung und nicht daran, bei jedem neu hinzukommenden Kind die bereits spielenden Kinder zu stören, aufzustehen um das neue Kind zu begrüßen und ihm in die Gruppe zu helfen. Frau K. gefällt ja auch nicht, daß die Kinder kleckerweise kommen, daß es mit einigen Kindern jeden Tag ein Trennungstheater gibt usw. Vielleicht ist ihre Sitzposition diagonal zur Tür, also in größter Entfernung zu ihr, auch ein Stück Schutz, die Anfangsphase besser zu überstehen. Die meisten Kinder werden ja auch gut fertig mit dem Begrüßungsritual. Für Alex jedoch... Er jedenfalls attakkiert als erstes ein anderes, meist schwächeres Kind, wird so einen Teil seiner Wut über seine Unsicherheit los und provoziert – wenn auch im negativen Sinn – schließlich die Aufmerksamkeit, die er eigentlich erwartet hätte: Frau K. steht auf und beschäftigt sich mit ihm.

Übergänge sind für manche Kinder wie z. B. Alex besonders starke Belastungen, für die sie auch besondere Handreichungen brauchen, weil sie Unsicherheit und Enttäuschung nur schwer oder gar nicht verkraften können. Ihnen über große Entfernungen zu helfen, könnte zur Entspannung der aggressiven Gesamtsituation in der Gruppe beitragen. Inwieweit dies möglich ist, hängt allerdings davon ab, welchen Abstand man selbst zu bestimmten Gruppensituationen, etwa der des Anfangs, braucht und wie stark diese durch institutionelle Bedingungen festgelegt sind, etwa, wie in einem bestimmten Kindergarten der Anfang organisiert ist.

Es hängt zugleich aber auch davon ab, ob man sich überhaupt im klaren ist, wie und wie stark die Begegnung mit Kindern wie Alex mit Gefühlen gegenüber seinen Eltern vermischt ist. Gerade wenn man glaubt, die Eltern seien die Schuldigen an der Lebensmisere der Kinder und dies sei allein der Grund, warum man mit den Kindern nicht zurechtkomme, verliert man leicht den Blick dafür, wem der Unmut gegenüber den mißratenen Kindern gilt. Denn schließlich muß man auch selbst irgendwo mit seiner Wut bleiben, daß man die Eltern nicht zu dem Verhalten bringen kann, welches man für deren Kinder für notwendig hält. Die Ohnmacht gegenüber Eltern könnte hier also ein Hinweis sein, warum es einem selbst als Erzieherin so schwer fällt, ungeliebten Kindern entgegenzukommen. Nun zu weiterten Aspekten des Außenseiterthemas.

Die Position des einzelnen im Gruppenprozeß

Der „Außenseiter" einer Gruppe kann noch nicht oder überhaupt nicht das pädagogische Angebot in einer Gruppe annehmen und hält sich bei Gruppenaktivitäten buchstäblich am Rand auf. Er kennzeichnet damit die Gruppenposition des Schwächsten, Langsamsten, Ängstlichsten, der sich – im Gegensatz zum Schnellsten, Mutigsten, Stärksten – nicht in den normalen Rhythmus und Zeitplan einer Gruppenaktivität integriert. Dies kann etwa so aussehen:

Die Pädagogin bietet der Gruppe das Kreisspiel OZEAN an. Schon während sie die Regeln erklärt, ruft Bernd dazwischen: „Ich spiel' aber nicht mit!" Während die Kinder einen Stuhlkreis bilden, setzt sich Bernd außerhalb dieses Kreises auf einen Tisch. Die Pädagogin verhält sich abwartend und gewährend. Während des Spiels der Kindergruppe hellt sich Bernds Gesicht zunehmend auf. Man spürt, wie er am Spielgeschehen Anteil nimmt und wie seine Lust wächst, auch mitzuspielen. Dieses Mal noch hat er am Rand der Gruppe gesessen, und die Pädagogin hat ihm seine Zeit gelassen, statt ihn beständig zum Mitmachen aufzufordern. Als sie dieses Spiel zu einem späteren Zeitpunkt nochmals anbietet, ist auch Bernd dabei.[1]

In der Regel akzeptiert und übernimmt die Gruppe die Verhaltensnormen, nach denen der Pädagoge handelt. Sie tut das um so lieber, je mehr der Pädagoge individuelle Zugangsweisen zu Beziehungsangeboten in Spiel und Arbeit offenläßt. Und sie wird dann um so mehr zum „Erfüllungsgehilfen" der Pädagogenwünsche, wenn sie dem Erwartungsdruck eines Pädagogen ausgesetzt ist, einerlei, ob ein bestimmtes Kind oder die Gruppe etwas tun soll. So wird z. B. die

Randposition von Bernd dadurch entspannt, daß die Pädagogin sein Tempo und seine Ängstlichkeit akzeptiert. Würde sie etwa bei den Anzeichen freudigen Miterlebens in seinem Gesicht ihm eine „Brücke“ zu bauen versuchen, indem sie ihn zwischen zwei Spieldurchgängen zum Mitmachen ermuntert, dann geriete dies sofort in die Aufmerksamkeitsspannung der gesamten Gruppe. Bernd sähe sich quasi auf dem Präsentierteller dem ausgesetzt, dem er doch eigentlich entrinnen wollte – es sei denn, er inszeniert seinen „Auftritt“.

Die Erwartung, daß alle Kinder sich gerade bei schönen Angeboten mehr oder weniger gleichermaßen annehmend verhalten möchten, führt notwendigerweise bei größeren Streuungen in den Fähigkeiten und Entwicklungsstadien der einzelnen Kinder zu Enttäuschungen und Randpositionen. Der „Mittelwert“ der Gruppe erlaubt zwar eine gewisse Variation in den Verhaltensweisen, ist zugleich aber der Meßpunkt, an dem Kinder „ausgesondert“ werden, wenn sie allzu hartnäckig auf ihrer Randposition verharren. Dann muß man genau hinschauen, ob und wie ein Kind von dem mittleren Anspruchsniveau der Gruppenaktivitäten über- bzw. unterfordert ist und – wenn dies häufiger geschieht – ob sich daraus die Konsequenz ergeben muß, es in eine andere Gruppe zu geben. Wie groß die Streuung um das mittlere Anspruchsniveau sein kann, demonstriert das Konzept des integrativen Kindergartens (gemeinsame Betreuung normaler und behinderter Kinder). Die Gruppe selbst ist nämlich imstande, außerordentlich große Unterschiede in intellektueller, körperlicher und emotionaler Hinsicht auszugleichen. Ob der Pädagoge die Kinder dies tun läßt, oder ob er sich an bestimmte Leistungs- und Verhaltensnormen gebunden fühlt, ist natürlich sehr stark vom beruflichen Kontext abhängig, etwa dem Erwartungsdruck der Eltern.

Der Außenseiter als Spiegelbild des Pädagogen

Der Außenseiter einer Kindergruppe befindet sich in einer vergleichbaren Position wie der erwachsene Pädagoge. Beide haben eigentlich in der Gruppe einen anderen Status als die übrigen Gruppenmitglieder, der Außenseiter, indem er am Rand sitzt, und der Pädagoge, indem er Erwachsener ist. Beide sind dennoch für die Gruppe von außerordentlicher Wichtigkeit, der Außenseiter, weil er der Gruppe den Sündenbock dafür abgibt, was sie in ihrer Mitte nicht haben möchte, und der Pädagoge, in dessen Nähe sie sich geborgen fühlen will. Zugleich ist aber der Außenseiter auf der Ebene der Gruppenmitglieder einer der ihren, während der Pädagoge derjenige ist, gegen den sich die Gruppe abgrenzt, wenn sie sich von ihm malträtiert fühlt.

Dieser Aspekt des Außenseiters kann den Pädaogogen so gefangennehmen, daß er sich nur noch mit ihm, und das heißt zugleich: unbewußt mit sich selbst beschäftigt. Benita Daublesky erzählt z. B. von einem Jungen, den die Klasse ablehnte und der ihr dadurch auffiel, daß er besonders wenig anziehend wirkte, ungepflegt, ängstlich, anbiedernd („Kein Wunder, daß ihn niemand mochte“), d. h., diese Anteile wollte niemand so deutlich *in* der Gruppe haben, am allerwenigsten die Erzieherin.[2] Sie dagegen behielt ihn in offenen Spielsituationen ständig im Auge, ja, sie holte ihn bei Kreisspielen neben sich. Als er bei einem Versteckspiel als einziger nicht gefunden wurde, antwortete ein Kind auf die Frage der Erzieherin, ob man ihn nicht noch weiter suchen wolle: „Uns fehlt er nicht, aber Ihnen fehlt er. Das macht nichts, jetzt sehen Sie einmal auf uns und behüten ihn nicht die ganze Zeit, als ob wir böse wären und ihn kaputtmachen würden.“ Der Junge wurde unvermutet aus der Kindergruppe abgemeldet, und so konnte die Erzieherin nicht berichten, wie sich seine Lage nach dieser Szene veränderte. Damit war zugleich (auch und besonders für die Erzieherin) das Abstoßende aus der Gruppe erst einmal verschwunden.

Das drängende Gefühl, Außenseiter mit aller Macht „integrieren“ zu wollen und sich so problemlos in ihre Situation einfühlen zu können, hat wahrscheinlich damit etwas zu tun, daß der Pädagoge im Außenseiter einen wichtigen Aspekt seiner eigenen Position zur Gruppe wiedererkennt, der ihm sehr unangenehm ist. So ist z. B. die Frage, ob ein Spielleiter immer mitspielen sollte, in der spielpädagogischen Diskussion umstritten. Ob er nun mitspielt oder nicht, die Gruppe reagiert auf ihn und er auf die Gruppe, und vielleicht ist der Außenseiter, den er unangenehm wahrnimmt, das Gruppenbarometer für die Klarheit oder Unklarheit der eigenen Position gegenüber der Gruppe (Bin ich drinnen oder draußen, und wie fühle ich mich dabei?). Wie solche unklaren Gefühlszustände umschifft werden, demonstriert die pädagogische (Un-)Sitte des vereinnahmenden „Wir“: *Wir* wollen doch jetzt alle mal ruhig sein... Was hindert den Pädagogen an der Aufforderung: *Ich* will, daß *ihr* jetzt alle ruhig seid (damit ich euch einen Spielvorschlag machen kann)?

Die Außenseiterposition als Reflex auf Teilungsprozesse

So wie für ein Rollenspiel verschiedene Rollen gebraucht werden, gliedert sich die Gruppe in verschiedene Positionen, von oberflächlichen, auffallenden, motorischen oder intellektuellen (die Besten und die Schlechtesten) bis hin zu unterschwelligen Rollen, die für die Gruppe als soziales System notwendig sind (die „Krankenschwestern“, die „Richter“, die „Polizisten“, der „Vater“, die „Mutter“ usw.). In einer harmonischen Gruppe sind tendenziell die Positionen vorhanden, die sie für ihre Balance, d.h. zur Integration von Belastungen, braucht, etwa Aufgaben, die erfüllt werden sollen, oder überraschende Ereignisse. Ohne große Absprache übernehmen solche Positionen die Kinder, die von ihrer individuellen Ausstattung her am besten darauf passen. Selbstverständlich sind Positionen favorisiert, die bewußte oder unbewußte Unterstützung vom Pädagogen bekommen, während diejenigen ungeliebt sind, die der Pädagoge wenig stützt oder gar ablehnt. Solange die Gruppe die Balance selbst tarieren kann, kann sie alle eigenen Kräfte zur Integration mobilisieren. Es kann aber schwierig werden, wenn der Pädagoge die Gruppe aufteilt, sei es, daß er ein bestimmtes Spielvorhaben mit ihm vorschwebenden Gruppierungen von Kindern durchführen will, sei es, daß er aus nicht von ihm allein abhängenden Gründen die Gruppe teilen muß. Dadurch gerät die Gruppe in die „Not“, ihre Balance zu verlieren, und wird unbewußt entsprechend gegensteuern.

Hier möchte ich zur Verdeutlichung dieses Aspekts von einem Spielseminar mit Pädagogen berichten, also mit Erwachsenen, die sich ja genau wie Kinder mit Außenseiterproblemen herumschlagen müssen.[3] Eine Teilnehmerin hatte im ersten Spiel als einzige in origineller Weise das Mitmachen verweigert, so daß sie den übrigen Teilnehmern, besonders aber den beiden Seminarleitern, gleich zu

Beginn als „problematisch“ auffiel und dabei die Originalität ihrer Verweigerung „übersehen“ wurde: Jeder Teilnehmer sollte im Spiel DOKUMENTATION auf ein Plakat das malen bzw. schreiben, was er der Gruppe über sich gerne mitteilen würde.[4] Maria schrieb auf ihr Blatt „Sendepause“ und äußerte, ihr sei nichts eingefallen.

Bei einem späteren Spielvorschlag, SELTSAME WETTLÄUFE, waren drei Gruppen zu bilden.[5] Maria entzog sich diesem Spiel, indem sie sich mit einer starken Erkältung entschuldigte und während des Geschehens als Zuschauerin „am Rand“ sitzen blieb. Erst gegen Ende des Seminars kam ans Tageslicht, daß die Gesamtgruppe aus Gründen, die ich hier nicht näher erläutern möchte, unbewußt alle Spielvorschläge sabotierte, die ungradzahlige Teilgruppen vorsahen. Die vermeintliche Außenseiterposition aufgrund der Erklärung entpuppte sich also als die Lösung der Gesamtgruppe, eine Viererkonstellation herzustellen (drei Spielgruppen und eine Einzelperson). Dies konnte allerdings erst erkannt werden, als den Seminarleitern klar wurde, daß die vermeintliche Außenseiterin gar keine „Außenseiterin“ war, sondern in besonderer Weise in die Reaktion der Gesamtgruppe auf die Spielanweisung der Leitung eingebunden.

Nachdem der Druck sowohl von der Leitung als auch damit der von der Gruppe fortgefallen war, irgendetwas unternehmen zu müssen, konnte die Teilnehmerin ihre Variante des Spiels DOKUMENTATION erklären: Ihr habe als Kind bei Schuleintritt ein Dokument gefehlt, so daß unklar gewesen sei, ob sie überhaupt eingeschult werden könne. In der Anfangssituation sei sie total geblockt gewesen, weil die alte Angst, sie dürfe nicht mitmachen, auf das von ihr wahrgenommene Stichwort „Dokumentation“ in ihr hochgestiegen sei.

Je stärker die Betroffenheit des Pädagogen durch die Position des Außenseiters ist, etwa dadurch, daß man selber mit sich und der Gruppe im Unreinen ist und im Außenseiter unbewußt seine eigene Position erfährt, desto weniger wird man das Kind am Rand als eine notwendige Teilposition der gesamten Gruppe erkennen können. Zugleich führt das Beispiel aber auf einen letzten wichtigen Aspekt, den ich vorstellen möchte, nämlich die unbewußte Übertragung dramatischer Entwürfe aus der Lebensgeschichte auf die Gruppe.

Die Außenseiterposition als Folge der Übertragung

Die für ein Kind lebenswichtigen Personen, etwa Vater und Mutter, geben das Beziehungsgeflecht ab, in dem das Kind seinen Platz findet und behaupten muß. Die „Außenseiterposition" ist im Verhältnis Vater-Mutter-Kind die geradezu klassische Struktur, wenn man etwa daran denkt, daß das Kind in seinem Kinderzimmer, die Eltern aber gemeinsam im Elternschlafzimmer die Nacht verbringen. Vor allem wenn die familiären Beziehungen so problematisch sind, daß ein Kind ständig in der Spannung lebt, zwischen anderen, verfeindeten Familienmitgliedern vermitteln zu müssen, wird es diese Stellung auf andere soziale Konstellationen, etwa die Kindergruppe, zu übertragen versuchen. Einerseits wird sich eine Gruppe gegen nicht integrierbare Übertragungsversuche zur Wehr setzen, andererseits sie aber so weit in ihre Entwicklungsprozesse „einbauen", als sie dort nützlich sind. Wie ein Kind eine äußerst angespannte Dreieckssituation von zu Hause (Eltern in Haß aufeinander getrennt und um ihr Kind konkurrierend) auf eine Spielgruppe überträgt, zeigt das Beispiel von Klaus.[6] Es handelt von dem Spiel einer Teilgruppe, deren Erzieherin in einem Nachbarraum mit einer anderen Teilgruppe für etwa 15 Minuten einer besonderen Beschäftigung nachging.

Während dieser Spielzeit hatte sich eine Familien-Gruppe gebildet, die in einer Spielkiste als Boot nach „Amerika" fahren wollte. In dem vorangegangenen Gerangel der Jungen um die Position des „Vaters" hatte Klaus verloren und war nun verständlicherweise wütend. Er demonstrierte diese Wut, indem er mit dem wie ein Gewehr geschulterten Puppenbesen und mit den martialischen Ausrufen „Links – zwo, drei, vier" durch den Gruppenraum marschierte. So attackierte er zwar nicht direkt die Familiengruppe, wurde aber von dem „Sohn" der Familie zu Kämpfen provoziert, so daß er weder Ruhe finden, noch die Gruppe in ihrem Spiel „losfahren" konnte. Er stand also in permanenter (spielerischer) Auseinandersetzung mit einem männlichen Teil der Spielfamilie unmittelbar und mit dem weiblichen insofern, als von der Spielmutter alle Spielimpulse ausgingen.

Die Erzieherin teilte mit, daß sich Klaus einerseits zu Vater und Mutter hingezogen fühlte, andererseits aber auch von dem einen gegen den anderen aufgehetzt werde. Die Eltern leben inzwischen getrennt, so daß Klaus ihren Haß aufeinander hin- und hertragen muß, um die Liebe des jeweiligen Elternteils zu bekommen. Dieses Wechselbad extremer Gefühle bestimmte bereits seine allerersten Lebenserfahrungen: Eigentlich wollte ihn seine Mutter nicht austragen, weil sie gleich nach der Empfängnis zweifelte, daß ein Kind zu diesem Zeitpunkt in ihre ehelichen Beziehungen paßte. Sie war also schon vor der Geburt unsicher, ob Klaus in die Familie kommen sollte oder nicht, ließ sich aber dann von ihrer Frauenärztin überreden, Klaus auszutragen.

Die tiefe Angst, eigentlich doch aus der Beziehung zwischen den Eltern ausgeschlossen zu sein, kann Klaus in dem Spiel der Gruppe neu inszenieren, weil diese Angst auch für die anderen Kinder bedeutsam ist, wenn auch nicht in solchem Maße. Die Rolle, die Klaus übertragen bekommt, entspricht der des „verlorenen" Vaters, den er liebt, der aber von der Mutter getrennt ist. Sein Konflikt mit dem Sohn der Spielfamilie gleicht in der Realität der Beziehung zu seiner Mutter, bei der er lebt: Auch sie schickt ihn mit ihrem Haß zum Vater (ebenso wie die Mutter in der Spielfamilie den Sohn zum Kampf gegen den Vater ausschickt, der über seinen Verlust wütend ist).

Und auch die Gesamtsituation spiegelt sich in dem Spielthema der Gruppe wieder: die Wut darüber, daß sich die Erzieherin mit der anderen Teilgruppe im Nachbarraum beschäftigt, daß die Spielgruppe also quasi ausgeschlossen ist. Als die Erzieherin dann zurückkommt, fallen ihr die spielerisch um den Puppenbesen rangelnden Kinder sofort ins Auge, und sie fordert diese auf, doch zusammen in der Puppenecke zu spielen. Dadurch schlägt jedoch die bisherige Balance im Spiel und die Ungefährlichkeit der gespielten Aggressionen an diesem Punkt um in eine Auflösung des Spielprozesses und zugleich in einzelne tätliche Auseinandersetzungen, die die Erzieherin schließlich nur durch Ermahnungen und Drohungen unterbrechen kann. So endet das Spiel, das die verstehbaren Gefühle vor allem von Klaus bisher in der Gruppe integriert hat, wenn auch in der Struktur Außenseiter-Gruppe, mit einem Mißklang: Weder die Erzieherin noch die Kinder können sich zufrieden der nächsten gemeinsamen Aktivität zuwenden.

Vom Verstehen her veränderbar werden lassen

Die vorgestellten Außenseiterdarstellungen beschreiben eigentlich das gleiche aus unterschiedlichen Perspektiven. Immer nämlich geht es um eine bestimmte Dreiecksstruktur, die zu Spannungen (Unglück, Wut, Verzweiflung...) geführt hat: Kind-Gruppe-Erzieher. Die üblichen Lösungsmuster des Außenseiterproblems haben das entsprechende Schema: Um das Kind mit der Gruppe zusammenzubringen (zu verschmelzen), rückt der Erzieher dem Kind besonders nahe (Mitgefühl, Aufmerksamkeit, Handlungsanweisungen...) und wendet sich damit zwangsläufig von der Gruppe ab, d.h. macht nun sie tendenziell zum Außenseiter.

Man kann es auch so sehen: Der Erzieher muß zwischen dem Kind und der Gruppe vermitteln. Tut er dies aus der Position des „Kindes", das zwischen verfeindeten Elterninstanzen vermitteln muß, so ist die Ausgrenzung des schwächeren Teils deshalb wahrscheinlich, weil es sich das „Kind" mit keinem der beiden „Elternteile" verderben kann, und dazu gehört, daß es jeweils eine Koalition *gegen* den anderen Elternteil eingeht. Und das einzelne Kind ist meist schwächer als die Eltern bzw. die Gruppe. Schlägt sich also die Erzieherin auf die eine Seite, ist die andere Seite zwangsläufig „böse". Was aber wäre die Position eines „Elternteils" gegenüber verfeindeten „Geschwistern"? Wäre es nicht für die Gruppe und den Außenseiter notwendig, sich der gleichen Aufmerksamkeit sicher zu sein, zugleich aber nach den eigenen „Spielregeln" die Gruppenstruktur zu tarieren, selbst auf die Gefahr hin, daß dabei etwas herauskommen kann, was wie ein Außenseiter aussieht? Und könnte sich hinter dem Etikett „Außenseiter" eine Spannung verbergen, der man erst einmal auf die Spur kommen muß?

Ob der Erzieher damit leben kann oder selbst in unerträgliche Spannungen gerät, erleichtert oder erschwert der Gruppe, *ihrem* Wachstumsprozeß in Frieden und zufrieden zu folgen. Spielerische Ausdrucksformen ermöglichen den Kindern die Integration von Wut und Haß aus ihrer Lebensgeschichte und aus der aktuellen Situation, ohne daß es wirklich gefährlich wird – ähnlich wie das Monsterbild, das ein Kind malt, seine aggressiven Gefühle zum Ausdruck bringen und zugleich „bannen" kann. Häufig wird es erst dann ernst, wenn Eltern und Erzieher das Spiel mit der Wirklichkeit verwechseln und damit etwas unterbrechen, was Kinder zur Verarbeitung ihrer nicht immer leichten Erfahrungen brauchen. Denn so traurig es ist: In den Kindern stecken Wut und Haß, und diese Gefühle lassen sich leider eben nicht durch eine einfache pädagogische Aufforderung in Harmonie, Freude und Kooperation umwandeln.

Es gehört zur pädagogischen Realität, mit Kindern konfrontiert zu sein, deren Lebensumstände nicht besonders glücklich sind. Und es gehört zur elterlichen Realität, daß man den Kindern auf der Erde kein Paradies bescheren kann. Eine Friedenserziehung sollte den Kindern einerseits so weit wie möglich im wahrsten Sinne des Wortes entgegenkommen und sie zugleich erst einmal so annehmen wie sie sind. Die Angst, die man dabei bekommt, könnte ein wichtiger Hinweis und Zugang sein, die Situation der Kinder und die eigene Situation besser verstehen zu lernen, in der nicht nur eine pädagogische Besorgtheit entstehen kann, sondern auch Gefühle wiederbelebt werden, die dem „Kind in der eigenen Person“ gelten (Bernfeld). Denn erst die Sicherheit und das Vertrauen, so angenommen zu sein, wie man ist, macht das Kind „vor dem Pädagogen“ bereit, sich auf neue und weniger gewalttätige Formen der Auseinandersetzung einzulassen.

Friedenserziehung in der Grundschule

Sicherheit, Vertrauen und Selbstwert

In „Spiel Frieden, nicht Krieg" herausgegeben 1977 von Pax Christi, wird eine kleine Geschichte erzählt:

„Der russische Kinderbuchautor Marschak beobachtete einmal sechs- bis siebenjährige Kinder beim Spiel. ‚Was spielt ihr?', fragte er. Die Antwort: ‚Wir spielen Krieg.' Daraufhin Marschak: ‚Wie kann man nur Krieg spielen! Ihr wißt doch sicher, wie schlimm Krieg ist, ihr solltet lieber Frieden spielen.' – ‚Das ist eine gute Idee', sagten die Kinder. Dann Schweigen. Beratung. Tuscheln. Wieder Schweigen. Da trat ein Kind vor und frage: ‚Großväterchen, wie spielt man Frieden?'"[1]

Wie erzieht man zum Frieden? Auch ich kann eher sagen, was ich *nicht* will: eine Erziehung zum Krieg. Immerhin habe ich dabei wenigstens das Gefühl, ich wüßte ungefähr, wie das geht.

Stationen der Kriegserziehung

Bei einem Kolloquium der amerikanischen psychoanalytischen Vereinigung beschrieb Chaim F. Shatan im Zusammenhang mit dem „Männlichkeitswahn" zwei zentrale Stationen der Kriegserziehung: Angriffe auf das Selbstwertgefühl und Pervertierung der Sexualität zur Gewalt. Shatan verdeutlichte das am Ausbilderverhalten im Ausbildungslager für Marinerekruten von San Diego.

Den Angriff auf ihr Selbstwertgefühl erleben die Männer zehn Minuten nach ihrer Ankunft. Ihnen wird plötzlich befohlen, in Reih und Glied anzutreten: Der Befehl wird von einem massigen muskelbepackten farbigen Feldwebel in einer Weise geschrieen, auf die niemand vorbereitet ist: „O.K.! Ihr hoffnungsloser Haufen von Scheißkerlen! Tretet in zwei Reihen auf, schmeißt Eure gottverdammten Zigaretten weg. Haltet Euer mieses Maul!“ Nachdem sie sich hastig in Reih und Glied zurechtgerempelt haben, fährt der Feldwebel mit drohender Stimme fort: „Leute, Ihr seid jetzt hier im Marine-Ausbildungslager von San Diego, und wir werden versuchen ‚marines‘ aus Euch zu machen – dabei würde ich allein bei Eurem Anblick diesen Scheißjob am liebsten gleich hinschmeißen, da zum Zaun rübergehen und kotzen. Hört sofort mit dem verdammten Gequatsche auf, sonst poliere ich Euch die Fresse, daß nichts mehr rauskommt!“[2]

Durch das totale Getrenntsein von Frauen während der Ausbildung wird die ungerichtete jugendliche Sexualität in verfälschte Gruppenmännlichkeit kanalisiert. Es entsteht die maskuline Wunschvorstellung vom John-Wayne-Ideal, wie es von Ausbildern und Vietnam-Veteranen genannt wird. Legitimierte Gewalt macht sich so sado-masochistische, masturbatorische Vorstellungen zunutze. Die Bereitschaft zum Agieren in plötzlicher Gewalttätigkeit und ohne Mitgefühl, das sind die entscheidenden Zutaten. Der Sexualtrieb der heranwachsenden Männer wird in den Dienst des Tötens gestellt. Der Ausbilder bei den ‚marines‘ deutet auf seine Waffe, dann auf seine Genitalien und sagt: „Das ist die Pistole, das ist das Gewehr. Die eine ist zum Töten, die andere für'n Verkehr!“

Angriffe auf den Selbstwert

San Diego ist weit. Aber Sicherheit, Vertrauen und Selbstwert sind schon sehr früh in der Lebensgeschichte aller Menschen Angriffen ausgesetzt, und die Schule kann nicht nur mit jedem Abfragen von Leistungen das Selbstwertgefühl der Schüler strapazieren.

Auch der Umgang mit Sexualität ist von Kind auf nicht unproblematisch. Normalerweise haben es kleine Jungen zunächst vor allem mit Frauen zu tun (die Mutter, die Kindergärtnerin, die Grundschullehrerin) – in einem späteren Alter vorwiegend mit Männern. Bis dahin haben sich die negativen Gefühle gegen das andere Geschlecht längst schon in all den kleinen Spielarten des „Krieges“ zwischen Männern und Frauen verfestigt, die wir alle kennen. Nicht jeder kleine Junge wird ein John Wayne, aber viele wären ihm gerne ähnlich. Wie nun kann der Krieg in der Schule aussehen? Wie findet der Angriff auf das Selbstwertgefühl statt und welche Möglichkeiten haben Lehrer und Schüler, positiv damit umzugehen?

Aus einer Schulstunde

Ein Lehrer berichtet: „Mathias stört in einer GL-Stunde ständig, indem er aus Lineal und Kulis Flugzeugimitationen zusammenbaut und diese Geräte dann in kriegsmäßigem Einsatz und entsprechender Geräuschentfaltung über seinem GL-Heft Gefechtseinsätze fliegen läßt. Bordkanonen und Bomben beharken zunächst nur seinen Tisch, bald auch nachbarliche Territorien. Dieser Unruheherd breitet sich zwar nicht aus, aber das beständige Ermahnenmüssen und die unterbleibende Feuereinstellung nerven mich so sehr, daß ich schließlich zu Mathias gehe, ihn am Oberarm fasse, ihn aus der Bank und vor die Klasse zerre. Dort bedeute ich ihm, daß er mir zum nächsten Haustelefon folgen solle, weil ich mich wegen ihm mit der Schulleitung in Verbindung setzen wolle. Mathias wird kleinlaut.

Ich rufe den Schulleiter an, teile ihm mit, was vorgefallen ist, und bewirke einen Gesprächstermin für die darauffolgende große Pause. Ich selbst weiß, daß dies eine Theaterinszenierung ist, die im Moment nur darauf abzielt, Mathias aus seinem obwaltenden Bewußtseinszustand zu ziehen, die aber weiter keine schmerzlichen Folgen für ihn haben soll. Als Mathias jedoch auf dem Weg zurück zur Klasse einige Tränen über die Wangen kullern, merke ich, daß er das ganze wohl gar nicht als Theater, sondern als etwas ihn durchaus Ängstigendes erlebt. Ich will aber nicht durch gütliches Zureden den ganzen ursprünglich beabsichtigten Effekt wieder verpuffen lassen.

In der Klasse empfängt uns Stille. Nachdem wir uns beide gesetzt haben, ergreift Karl das Wort. Er erkundigt sich danach, was ich vor dieser fünften Stunden für Unterricht gehabt habe und ob denn da alles so glatt gegangen sei. Mir wird während seiner Fragen deutlich, worauf er hinauswill, und ich gebe meine Antworten schließlich entwaffnend lächelnd. In der Tat war mir zuvor in anderen Klassen und mit Kollegen in der Pause einiges Ärgerliche widerfahren. Karl schloß sein Verhör mit dem Kommentar ab: ‚Seh'n Se, und weil mir die Kleinsten sind, kriegen mir's alles uff die Jack.' ... In der durch das allgemeine Lachen über Karls schlitzohriges Verhör entspannteren Atmosphäre fühlen Mathias und ich eine solche Offenheit der Situation, daß wir uns unter Fragen und Kommentaren der Klasse gegenseitig von unseren ‚nervlichen' Hintergründen unseres Verhaltens berichten. Neben meinen Lehrersorgen kommt so heraus, daß Mathias gerade eine Abmagerungskur macht und sich deshalb besonders nervös fühlt."[3]

Durch die ausgesprochen anschauliche Beschreibung des beobachtenden Geschehens kann man sich sehr leicht in das Entnervtsein des Lehrers während Mathias' Kriegsspiel einfühlen. Man kann verstehen, daß er mit ebenso handfesten Maßnahmen auf den „Krieg" von Mathias antwortet, auch wenn der Lehrer diese zunächst ebenso als Theaterinszenierung bewertet, wie ich das Spiel von Mathias verstehe: als Inszenierung seines inneren Zustandes. Beides ist mitnichten Theater, beides ist zunächst einmal die Eskalation einer Verständnislosigkeit. Lehrer und Schüler fühlen sich gegenüber dem „Krieg" in ihrer Beziehung zueinander hilflos: Der Lehrer kann Mathias' Kriegshandlungen nicht unterbrechen, und Mathias kann sich gegen die pädagogischen Maßnahmen des Lehrers, den Schulleiter anzurufen, nicht wehren. An der Bemerkung des Lehrers, daß er durch gütliches Zureden nicht den Effekt seines Verhaltens verpuffen lassen möchte, erkenne ich aber auch verborgene Schuldgefühle gegenüber den Tränen von Mathias.

Die Schulklasse ist für das Spiel von Mathias und für die Theaterinszenierung des Lehrers, schließlich auch für das, was beide miteinander agieren, das Publikum. Aber mehr noch, Mathias und Lehrer handeln offensichtlich stellvertretend für die Klasse etwas ab. Von einem anderen Schüler nämlich wird der Lehrer „entwaffnet". Erst er, ein Dritter, klärt, um was es in der „Politik" während der Gesellschaftslehrestunde (!) eigentlich gegangen ist. Während sich nämlich der Lehrer auf der einen Seite bemühte, seinen Schülern den Blick auf gesellschaftliche Verhältnisse zu erweitern, ohne zu sehen, wie stark sein eigener Gefühlszustand die aktuellen (Beziehungs-) Verhältnisse in der Klasse bewegte, reagierte diese stellvertretend durch Mathias auf der Ebene der Spielphantasie mit der Erklärung des „Krieges".

Ähnliche Erfahrungen habe ich immer wieder gemacht. Da bemüht sich ein Lehrer, den Schülern die Zusammenhänge von Krieg und Frieden zu erklären, da zermartert sich eine Lehrerin ihr Hirn, wie sie ihre Schüler durch Unterricht und Spiel zum friedfertigen Austrag von Konflikten motivieren kann, und gleichzeitig lassen die Jungen nicht davon ab, zu den „unpassendsten Gelegenheiten“, also wenn man sich gerade besonders um Friedenserziehung bemüht, wild um sich zu schießen oder die grauenvollsten Schlachten zu inszenieren. Wie kann man das verstehen und welche Schlüsse lassen sich daraus für den Unterricht ziehen?

Zunächst einmal können Lehrer aus dem (kriegerischen) Verhalten der Kinder entnehmen, daß es bei ihrem Krieg um ein Signal, vielleicht sogar um eine Botschaft über ihren Zustand im Hier-und-Jetzt des Unterrichts geht. So ist ein Aspekt der Kriegsspiele und Kriegsphantasien von Jungen während des Unterrichtsgeschehens der Versuch, mit einer Angst fertigzuwerden (wer sich angegriffen fühlt, verteidigt sich), in zweiter Linie der Versuch, sich spielerisch gegen etwas zur Wehr zu setzen, was die Klasse verbal vielleicht (noch) nicht kann. Kriegsspiele und -phantasien haben zumeist nichts damit zu tun, daß die Kinder sich nach dem gewaltsamen Lösen von Konflikten sehnten oder für friedenserzieherische Bemühungen unempfindlich seien. Sie sind vielmehr ein spontaner Gefühlsausdruck in Gestaltung eines kriegerischen Szenarios, den sich Lehrer und Pädagogen versagen, ja gemäß den Verhaltensnormen, nach denen sie leben möchten und nach denen zu unterrichten sie aufgefordert sind, versagen müssen. Auch wenn sie ein Kind mit kriegerischen Mitteln in ihrer Phantasie so manches Mal vernichten wollen, sie dürften es nicht laut sagen oder spielen, ja nicht einmal vor sich selbst zugestehen.

Manche Kinder vor dem Lehrer haben also noch beide Anteile (in extremen Formen) menschlicher Beziehung zur Verfügung: „Krieg“ und „Frieden“. Und sie können sie ausdrücken, daß ein anderer nicht ernsthaft verletzt oder getötet würde. Sie spielen ja „nur“. Dennoch sind ihre Gefühle dabei echt und verdienen es, ernst genommen zu werden, z. B. als Kommunikationsangebot über die aktuellen Beziehungsverhältnisse. Pädagogen könnten also über die positive Auseinandersetzung mit dem Kriegsspiel und den Kriegsphantasien von Kindern etwas für sich zurückgewinnen, was ihnen pädagogische Moral und „blutiger“ Ernst ihrer eigenen Erziehung durch Eltern und Lehrer einmal genommen haben. Was aber mit der Zukunft und dem Auftrag, mit Kindern so zu arbeiten, daß sie „im späteren Leben“ richtige Kriege verhindern lernen?

Kinder, vor allem jüngere, lernen eigentlich am wenigsten oder am wenigsten gern für das spätere Leben, sondern vielmehr für den Lehrer, von dessen Bewertung und Zuwendung sie ja abhängig sind. Nicht, daß ich dies so einschränkend meine, als gäbe es kein Lernen unabhängig von dieser Beziehung. Aber gerade beim Thema Krieg sind Kinder, und gerade die, die besonders heftig schießen, die ersten, die Krieg um alles in der Welt vermeiden wollten. Er würde das für sie bringen, wovor sie sich am meisten in der Welt fürchten: nicht etwa ihren eigenen Tod, sondern die mögliche Trennung von ihren Eltern. Häufig sind es nämlich die heftig kriegsspielenden Kinder, deren so unerwünschtes Verhalten auf schmerzliche Trennungserfahrungen im Frieden zurückgeht. Damit sind wieder die Pädagogen gefordert: Nicht die Kinder haben irgendeine Chance, etwas zur Verhinderung eines künftigen Krieges zu tun, sondern die Pädagogen als Erwachsene mit ihrer Macht, den gespielten Krieg der Kinder zu verbieten (und sich damit innerlich von den Kindern zu „trennen“).

Das Thema Krieg oder das, was für so manche Kinder damit verknüpft ist, mit Unterrichtseinheiten zu bearbeiten, kann, wie mancher andere schulische Lerninhalt in diesem Sinne an dem Wunsch und an dem Interesse der Kinder vorbeiführen, die Welt zu verstehen und zu begreifen. Gerade bei jüngeren Kindern reicht die versteh- und begreifbare Welt ja kaum über ihre unmittelbare Umgebung hinaus. Diesen Lernbedingungen kann sich auch ein Unterricht über Krieg und Frieden nicht entziehen.

Die Sorge um die Zukunft

Friedenserziehung ist nicht nur deshalb so schwierig, weil sie unter der Voraussetzung unterschiedlicher Weltbilder und Verhaltensmöglichkeiten stattfindet. Die Friedenserziehung nimmt ihre

Begründung aus der Sorge um die Zukunft. Dabei malen viele mit kräftigen, aber sehr düsteren Farben – ohne sich zu vergegenwärtigen, daß ihre Malerei eine Spekulation mit dem Wahrheitsgehalt ist. Und diese Spekulation hilft, daß die Zukunft ein wenig wahrscheinlicher wird: Krieg ist politisch nicht mehr so schwer zu legitimieren, wenn es ja alle gewußt haben, daß er kommen würde. Nahezu jede Bemühung, mit allen Mitteln den Krieg zu verhindern, hat in der Vergangenheit genau zum Gegenteil geführt. Wissen wir eigentlich wirklich, was zu tun wäre, um eine düstere Zukunft zu verhindern? Woher kommen diese Bilder? Woher kommt die Ahnung von der Apokalypse, die die Menschen immer schon gehabt haben?

Mit jedem Grad Angst mehr muß zwangsläufig der Druck wachsen, den wir auf andere, vor allem als Lehrer auf die Schüler, ausüben, um diese Zukunftsvision zum Verschwinden zu bringen. Je größer der Eifer, je missionarischer der „Lehrauftrag", desto größer wird aber wahrscheinlich auch der Widerstand. Was eine solche Art von Friedenserziehung hervorbringt, sind möglicherweise Schüler, die das Wort „Frieden" nicht mehr hören können.

Im allgemeinen wird die Idee der Friedenserziehung darauf angelegt, aus den Erfahrungen von gestern, d.h. aus den Erfahrungen vergangener Kriege zu lernen, um morgen wenigstens ein bißchen weniger Krieg, ein bißchen mehr Frieden zu erreichen. Es gibt zwar sicherlich gemeinsame und objektive historische Erfahrungen. Aber die persönliche Interpretation geschieht immer auf der Folie der eigenen Lebensgeschichte. Jeder hält einen etwas anderen Aspekt aus der Vergangenheit für besonders wichtig: einen ökonomischen, einen soziologischen oder gar einen psychologischen. Und alle sind – für sich gesehen – wahrscheinlich „richtig".

Die Vision einer Zukunft aus Erfahrungen der Vergangenheit bringt in der Regel vor lauter Angst die Gegenwart zum Verschwinden. Die Gegenwart, das sind die Erfahrungen, die Lehrer und Schüler im Unterricht miteinander machen. Das sind die Kränkungen des Selbstwertgefühls von Schülern und Lehrern, das sind die Schwierigkeiten im partnerschaftlichen Umgang, das ist aber auch der Lehrer als Modell für erfolgreiches Handeln: Der Lehrer hat einen Beruf, er ist „durchgekommen". Er ist derjenige, der den Schülern Vorbild sein kann, gegen den sie sich aber auch abgrenzen. Grenzverletzungen sind in der persönlichen Erfahrung nicht weniger brisant als die Aufregung über Grenzverletzungen im internationalen System. Eines läßt sich dazu mit Sicherheit sagen: Persönliche Grenzverletzungen schaffen Angst und Ärger. Und das sind Gefühle, die bei jeder Vermittlung von Aufklärung über Krieg und Frieden im Wege stehen.

Aber die klare Beurteilung eines Menschen durch einen anderen muß nicht notwendigerweise immer zu Kränkungen führen. Umgang in Partnerschaft erfordert von Lehrern und Schülern die Klarheit darüber, welche Partner einem wirklich wichtig sind und wofür. Dazu kann auch gehören, sich als Jugendlicher bewußt von den Erwachsenen abzugrenzen – und für Lehrer kann das heißen, die Regression auf die eigene Jugendlichkeit dort zu vollziehen, wo sie Jugendliche in Abhängigkeitsverhältnisse nicht in Schwierigkeiten bringt.

Unter der Voraussetzung, daß der „Krieg" in solchen Verhältnissen verhindert werden kann, ist vorstellbar, daß Unterrichtsinhalte zur großen Politik von Schülern angenommen werden. Zu meinen, daß solche Inhalte unmittelbar politisch wirksam werden können, halte ich allerdings für eine genauso gefährliche Illusion wie die Resignation, man könne ja doch nichts machen.

Spiel in der Friedenserziehung

Im Spiel Toleranz und Kooperation lernen

Das Spiel ist für *Vor-* und *Grundschüler* eines der wichtigsten Medien, in denen sie leben und lernen. Diese Erkenntnis wird vor allem im Kindergarten und in der Vorschule, etwa der Eingangsstufe des Primarbereichs, genutzt. Neben Sachinhalten, die in spielerischen Vermittlungsformen angeboten werden, gibt es dort auch einen verhältnismäßig großen Bereich, in dem die Kinder ohne Anleitung und Zielvorgabe spielen können. In die reguläre Grundschulen dagegen hat das freie Spiel bislang keinen nennenswerten Einzug gehalten, sieht man einmal von Initiativen einzelner Lehrkräfte meist gegen den Widerstand von Kollegen, Eltern und Schulleitung ab.[1]

Da man bei kleinen und ganz kleinen Kindern kaum ein angemessenes Verständnis für die Probleme der internationalen Politik erwarten kann, setzt man folglich große Hoffnungen darauf, ihnen im Medium Spiel friedensrelevante Verhaltensweisen vermitteln zu können. Bei fast allen Versuchen, Friedenserziehung in der Grundschule zu betreiben, stehen daher Spielvorschläge an erster Stelle vor Büchern und Arbeitsblättern. Ziele solcher Spielvorschläge leiten sich aus der Annahme ab, daß individuelles kooperatives und tolerantes Verhalten in gewisser Weise etwas mit friedensrelevanten Verhaltensweisen in der großen Politik zu tun hat.[2]

Für Friedenserziehung bei kleinen Kindern erscheinen daher Spielvorschläge geeignet, die auch ohne direkten Bezug zum Thema „Frieden“ Toleranz und Kooperation einzuüben vorgeben. Friedenserzieher greifen dabei zumeist auf Vorschläge zurück, die unter dem Stichwort sozial-emotionale Erziehung bereits Anfang der siebziger Jahre gemacht wurden und deren Inhalte und Strukturen z. T. als widersprüchlich und somit eher als konterproduktiv kritisiert worden sind.[3] Unter solchen Vorschlägen befinden sich vor allem Spielformen, in denen Toleranz und Kooperation eingeübt werden sollen.[4]

Inzwischen hat sich die Diskussion um sozial-emotionales Lernen weiterentwickelt in Richtung auf den Begriff des „prosozialen Verhaltens". Im Zusammenhang mit kooperativen Spielen beschreibt Hein Retter dieses Verhalten als ein über die Norm bloßer Vernünftigkeit hinausgehendes. Es sei altruistisch, helfend, betreffe die Bereitschaft zu Hilfeleistungen im Alltag, und zwar auch unter persönlichen Opfern und ohne dafür irgendeine Gegenleistung erwarten zu können.[5]

Wenngleich die Einübung solchen Verhaltens friedensrelevant erscheint, so ist doch der Zusammenhang zwischen der in der *Kindheit* erworbenen (oder nicht erworbenen) Fähigkeit zu Toleranz und Kooperation und den *politischen* Phänomenen von Intoleranz und Konkurrenz zwischen und innerhalb von Staatensystemen bisher nicht schlüssig nachgewiesen. Allenfalls für die schlechten Erfahrungen in der Vergangenheit und die jeweils herrschenden Erziehungspraktiken liegen Hinweise auf Zusammenhänge vor. Sie lassen vermuten, daß die bisherige Geschichte u.a. auch das Ergebnis mißlungener Erziehung oder gar „Erziehung" schlechthin sei.[6]

Da Spiel vor allem in der Kindheit ein universelles Phänomen ist und da es ganz unterschiedliche Spielinhalte und -formen gibt (von Brettspielen über Sandkastenspiele zu Bewegungsspielen und Kindertheater) möchte ich für die weitere Diskussion zwischen freiem und intentionalem Spiel unterscheiden. Unter freiem Spiel verstehe ich Spielsituationen, bei denen der Pädagoge zwar anwesend ist, in die er aber nicht mit bewußten Plänen, Absichten oder Zielen eingreift. Unter intentionalem Spiel verstehe ich Spielsituationen, die der Pädagoge herbeiführt, um Lernziele zu erreichen oder Verhalten zu kontrollieren, indem er also Absichten verfolgt, die parallel zum Spiel als lustvolle Tätigkeit liegen. Zunächst werde ich mich dem intentionalen Spiel zuwenden.

Angeregtem oder angeleitetem Spiel liegen immer bewußte oder unbewußte Normen- und Wertvorstellungen des Pädagogen zugrunde. So hat er Erwartungen über das, was im Spiel ablaufen, was gelernt werden soll und wie Störungen aufgefangen werden könnten. Allein schon die Einhaltung von Regeln etwa von Kooperationsspielen, sofern die angeleitete Spielsituation explizite Regeln vorsieht, wäre eine solche Erwartung. Die Kinder sollen diese Regeln lernen und anwenden. Diese Absichten setzen allerdings ein gewisses Regelverständnis und damit Verhaltensweisen voraus, die ja erst gelernt und eingeübt werden sollen. Die Kinder müssen nämlich, um überhaupt die Regeln zur Kenntnis nehmen zu können, bereits die Fähigkeit zuzuhören (und rückzufragen) entwickelt haben und dies für eine soziale Situation, in der Toleranz und Kooperation in besonderem Maße gefordert sind. Sie müssen in der Lage sein, mit dem Pädagogen zu kooperieren. Sie müssen tolerant sein können anderen Kindern gegenüber, die langsamer begreifen, die für das Spiel erst begeistert werden müssen oder die aus anderen Gründen den Anfang eines Spiels „stören". Und besonders wichtig ist tolerantes und kooperatives Verhalten für die Spielvorschläge, bei denen die Kinder von sich aus die Regeln verändern sollen, um ein etwa konkurrenzorientiertes Spiel in ein kooperatives umzuwandeln.[7]

Sofern in der pädagogischen Situation kooperative und tolerante Verhaltensweisen vorhanden sind, wird sich das Spiel unproblematisch entwickeln und den „Erfolg" der pädagogischen Absicht bestätigen. Sind die Kinder allerdings wegen ihres Verhältnisses zum Pädagogen neidisch, dann kommt es bereits vor Beginn des Spiels zu Wut und Enttäuschung, d.h. zu unkooperativem Verhalten und Intoleranz. Hier muß also Toleranz (Abwarten) und Kooperationsfähigkeit (z.B. Ruhigwerden) vor der Erklärung der Regeln erst einmal hergestellt werden.

Es ist also bereits in der Initialsituation, d.h. vor dem eigentlichen Spiel, entscheidend, welche Verhaltensweisen in der Kindergruppe gefördert oder verhindert werden. So wird eine intolerante Haltung des Pädagogen gegen Enttäuschung einzelner („Stör' doch nicht *immer* so") die Neidhaltung wahrscheinlich eher verstärken. Umgekehrt wird eine Akzeptanz gegenüber den konkurrierenden Gefühlen der Kinder den Boden dafür bereiten, daß das nachfolgende Spiel die durch den Pädagogen vorgegebenen kooperativen Beziehungsaspekte verstärkt.

Das entscheidende Beurteilungskriterium, inwieweit Kooperation und Toleranz eingeübt werden, ist der Verlauf und der Ausgang des Spiels. Spielvorschläge gewinnen damit über das nachträgliche Einüben hinaus den Charakter einer Lernkontrolle. Die Spielergebnisse sagen etwas aus über die Fähigkeit der Kinder, die Ziele des Pädagogen erreichen zu können, oder über ihre Kreativität, auch über diese Ziele hinauszugehen. Daher ist weniger die Frage von Bedeutung, ob Spielvorschläge ein bestimmtes Verhalten einüben, als vielmehr, ob und wie man eine Kindergruppe überhaupt spielfähig machen kann.

Gerade in den Kindergruppen, die es „nötig" hätten, sind die Voraussetzungen zum Spielen am seltensten gegeben. So sind z.B. Kinder, die leicht verletzbar und kränkbar sind und zu Wutausbrüchen neigen, die undankbarsten Spielpartner. Sie werden in der Kindergruppe häufig isoliert und stellen damit für Pädagogen, lange bevor ein Spiel mit der gesamten Gruppe durchgeführt werden kann, das Kooperations- und Toleranzproblem schlechthin dar. Nicht zuletzt aus diesem Grund können engagierte Versuche, im Medium Spiel endlich die Probleme von Toleranz und Kooperation gezielt anzugehen, schnell scheitern. So hat die Anstrengung, als Spielleiter die Verantwortung für die Atmosphäre in der Klasse ebenso zu übernehmen wie für die Durchführung eines bestimmten Spiels, viele Grundschullehrer auf den alltäglichen Unterrichtsstil zurückfallen lassen.[8]

Die zunehmenden Verhaltensschwierigkeiten bereits in Grundschulklassen, die eigentlich verstärkte *Sozial*erziehung erforderten, konfrontieren den einzelnen Pädagogen auch stärker mit seiner eigenen Toleranzbereitschaft. Darüber hinaus unterstützt das Schulsystem Werte wie Toleranz und Kooperation erst weit nach individueller Leistung, und den Lehrern als Prüfbeamten dieser Wertehierarchie werden in der Aus- und Weiterbildung nur wenig Angebote gemacht, in denen sie selbst ihre persönliche Bedeutung für tolerantes und kooperatives Verhalten kennen und steuern lernen können.[9]

Ein weiteres Problem betrifft die gruppenpsychologische Kompetenz des Pädagogen, nämlich inwieweit das ausgesuchte Spiel dem

Stand der Gruppe entspricht. Kann eine Gruppe mit einem bestimmten Spielvorschlag zu einer bestimmten Zeit überhaupt etwas anfangen; ist sie bereit, die dort aufgeworfenen Konfliktthemen anzunehmen und „auszuspielen“? Die „falsch“ verstandene Hoffnung auf die Wirkung von Spielen kann eine Klasse „überfüttern“, so daß das Mißtrauen bei den Schülern entsteht, der Pädagoge wolle mit ihnen eine „Beschäftigungstherapie“ machen.[10]

Toleranz in der Kindergruppe

Die mißlungene Spielsituation zwingt den Pädagogen also, das zu tun, was ein Spiel selbst nicht leistet, nämlich trösten, ermutigen, Gerechtigkeit üben usw. Das Spiel kann die Lebenswirklichkeit, den sogenannten „Ernst“ nämlich nicht ersetzen. Die Unterscheidung zwischen Spiel (als-ob) und Wirklichkeit (hier-und-jetzt) wird jedoch oft nicht genügend beachtet. Im Gegenteil, es wird vorausgesetzt, daß die Spielrealität von den Kindern bruchlos auf die Wirklichkeit der nicht-spielerischen Gruppensituation übertragen wird. Zumeist ist aber offen, ob sich die *Spiel*wirklichkeit, z. B. kooperative und tolerante Beziehungen im Spiel, etwa auf die Situation einer Klassen*arbeit* übertragen läßt. Da die Lebens- und Arbeitsrealität in der Grundschule nicht weniger Schule als in anderen Schulstufen ist, ist anzunehmen, daß die Wirklichkeitserfahrungen auch der Vor- und Grundschüler den Lernzielen kooperativer und auf Toleranz abzielender Spielformen prinzipiell entgegenlaufen.

Unter Schule ist nicht nur die Unterrichtssituation, sondern die soziale Gesamtsituation zu verstehen. D. h., in die Unterrichtssituation greifen die Kollegen, der Rektor und nicht zuletzt die Eltern dann massiv ein, wenn ihrer Auffassung nach andere Lernziele durchgesetzt werden sollten. So ist für ein Großteil der Eltern z. B. überhaupt nicht einsichtig, warum in der Schule gespielt werden sollte. Gerade angesichts unsicherer Zukunftsverhältnisse erscheint es den meisten Eltern zwingend notwendig, die Kinder von Beginn an im Leistungsbereich optimal, d. h. konkurrenzorientiert, zu fördern.

Gunnar Heinsohn weist darauf hin, daß gerade das mißlingende Nachbarkind die Chancen des eigenen Kindes erhöht – auf Kosten der Vorteile von Kooperation in der Gesamtgesellschaft.[11] Das wichtigste Lernfeld für Kinder ist daher wahrscheinlich nicht das *Spiel,* sondern die realen Lernbeziehungen und Lebensverhältnisse mit den „Regeln“, die innerhalb und außerhalb einer pädagogisch-professionellen Situation gelten und die mit den gesellschaftlichen *Arbeits*regeln mehr oder weniger übereinstimmen.[12]

Das Spiel hat wahrscheinlich eine andere Bedeutung, als daß es ein anwendbares alternatives Verhalten einübt. Es enthält wahrscheinlich die Erfahrungselemente, die erst einmal nur für den Spieler als Individuum nützlich sind: das Erzeugen von Spannung und Entspannung, die Befreiung von Ängsten, Wut und Trauer, kurz die Inszenierung von Gefühlen, denen in der Lebenswirklichkeit nur insoweit Platz eingeräumt wird, als sie funktional mit den Beziehungsaspekten der Arbeitswelt verknüpft sind (z. B. Neid als Ansporn oder Angst als Motiv zur Unterordnung). Aus dieser Erklärung heraus wird verständlich, warum so viele gutgemeinte Spielvorschläge zu Kooperation und Toleranz im Schnitt weniger gut angenommen werden, als Spiele, die Spannung und Spaß auf Kosten einzelner in der Gruppe versprechen.

Während die Bereitschaft, normalen konkurrenzorientierten Verhaltenserwartungen und -mustern zu entsprechen (Mensch-ärgere-dich-nicht), latent immer vorhanden ist, können andere Gefühlsbereiche nicht zu jeder Zeit und an jedem Ort angesprochen werden. Dies trifft besonders auf solche spielerischen Erlebnisaspekte zu, die mit unangenehmen Gefühlen verknüpft sind, z. B. Ängsten, Wut und Trauer. Die Aktualisierung solcher Gefühle ist vor allem nur schwer mit starren Regeln und Vorschriften vereinbar. Sie enthalten ein Höchstmaß an Individualität, d. h. sie entsprechen höchst individuellen Erfahrungen, die selten von allen Spielern in gleicher Weise zur gleichen Zeit geteilt werden. Dennoch sind gerade gefühlsbetonte Erlebnisse wahrscheinlich weit stärker verhaltensbestimmend als die Wünsche und Erwartungen des Pädagogen. So läßt sich bei Störungen in Klassen- und Gruppensituationen häufig ein Zusammenhang feststellen zwischen einem traumatischen Erlebnis, das ein Kind mit in die Gruppe hineinträgt und dem sich daraus entwickelnden gestörten Gruppenprozeß.

Um eine Gruppe spielfähig zu machen und ihr Spiele anbieten zu können, erscheint es notwendig, gerade auf diese Verhaltensaspekte einzelner Kinder Rücksicht zu nehmen und sie in geeigneter Form in die Handlungsspielräume in der Kindergruppe zu integrieren. Dies gelingt vor allem im freien Spiel, das dem einzelnen die Möglichkeit läßt, sein „Thema" in und mit der Gruppe zur Darstellung zu bringen und dadurch die Entspannung zu erreichen, die eine Gruppe schließlich auf ein gezieltes Spielangebot vorbereitet.

Das freie Spiel erfordert vom Pädagogen in besonderem Maße, daß er die soziale Situation „toleriert", in der Toleranz der Kinder untereinander nicht in dem wünschenswerten Maße vorhanden ist. Für ein Alter, in dem Kinder ihre persönlichen Konflikte und Probleme im Spiel in verstellter Form zur Darstellung bringen (z. B. in Tier-, Dracula- oder Kriegsspielen), ist ein hohes Maß an Einfühlungsvermögen und Verständnis nötig, um diese Toleranz aufzubringen.[13] Gerade wenn Kinder Konfliktlösungen im Spiel, also in der Phantasie, produzieren, die nicht seinen Zielvorstellungen entsprechen (spielerische Unterordnung des einen Kindes unter ein anderes, Gewaltandrohung im Spiel usw.), ist der Pädagoge besonders gefordert. Hier nämlich neigt er am stärksten dazu so „einzugreifen", daß er Kindern seine Phantasien und Ideen von Konfliktverarbeitung nahelegt, d. h. sie ermuntert oder gar dafür belohnt, wenn sie die Konflikte nach seinen „Regeln" lösen. Gerade an diesen Stellen jedoch entstehen aus der gespielten Gewalt der Kinder häufig „echte" gewaltsame Auseinandersetzungen.[14] Die Wirklichkeit gegenseitiger Verletzungen und die Phantasie wechselseitiger Bedrohungen im Spiel werden leider von den wenigsten Pädagogen auseinandergehalten.[15]

In der spieltherapeutischen Praxis ist dieser vermeintliche Widerspruch zwischen Phantasie und Realität seit langem bekannt. Dort wird er produktiv so genutzt, daß die Kinder in der Phantasie des Spiels die Lebenserfahrungen zum Ausdruck bringen, die sie gekränkt und verletzt haben.[16] Aus dieser Sicht enthält das Spiel einerseits die Darstellung solcher Erfahrungen – wenn auch in verkleideter Form –, andererseits den Versuch, auch die Reaktionen darauf (z. B. Wut und Rache) in den Spielverlauf zu integrieren. Darstellung und Reaktion im Spiel führen zur inneren Entspannung, zum inneren Frieden im Kind und befähigen es, Angebote von Außen, also von anderen Kindern und von Pädagogen, bereitwilliger auf ihre positiven Aspekte hin zu überprüfen.[17]

Es gehört leider bisher nicht zum pädagogischen Selbstverständnis, neben dem Angebot bestimmter Lerninhalte und Lernformen die Kinder in dem Weg zu unterstützen, der ihren Möglichkeiten (in entwicklungs- und gruppenpsychologischer Sicht) entspricht.[18] Die Kinder so spielen zu lassen, daß sie mit dem beginnen können, was in ihnen entwickelt ist und was sich für sie bisher auch als Fähigkeit zum Überleben bewährt hat, erfordert vom einzelnen Pädagogen ein gehöriges Maß an Stärke. Es darf sich durch die scheinbare Intoleranz und Konkurrenz im *Spiel* nicht zu korrektiven Eingriffsversuchen in die Spiel*wirklichkeit* provozieren lassen. Die Gruppe ist meist selbst fähig, sogar aggressivste Kinder unter diesen Voraussetzungen zu integrieren.[19]

Zwei Grundbedingungen für eine solche Spielpädagogik sind allerdings erforderlich: zum einen, daß der Pädagoge die Kinder schützt, ohne sie lenken zu wollen. Mit Schutz ist gemeint, daß er immer dann zur Stelle ist, wenn die Kontrollen des einzelnen oder der Gruppe nicht ausreichen, ernsthafte Verletzungen oder das Außer-sich-Geraten eines einzelnen Kindes zu verhindern. Da der Pädagoge von dem vor ihm Ablaufenden selbst gefühlsmäßig betroffen ist, wird ihm das umso leichter fallen, je weniger er in Angst gerät. Das heißt, er kann die Grenzen seines Eingreifens umso weiter verschieben, je sicherer er sich fühlt. Gerade bei Kindern, die nur wenig Kontrollmöglichkeiten in sich selbst ausgebildet haben, übernimmt hier der Pädagoge die Funktion eines Hilfs-Ich, die er umso mehr aufgeben kann, als die Ich-Kräfte der Kinder wachsen.[20]

Die zweite Bedingung, die vor allem auf angeleitete Spielsituationen zutrifft, ist die der Versorgung. Mit Versorgung ist hier das pädagogische Angebot gemeint, das keine „Belohnung“ des Pädagogen durch das erwünschte Verhalten seiner Kinder verlangt (etwa analog den Zielen der prosozialen Erziehung). Weil der Pädagoge ja meist die Erwartung hat, daß die Kinder positiv auf seine pädagogischen Ideen reagieren, etwa ihnen ein lustvolles Erlebnis zu verschaffen, ist er geneigt, auf den „Erfolg“ zu drängen. Und entsprechend ist er enttäuscht, wenn sein Angebot nicht ankommt, oder wenn sich das Spiel anders entwickelt, als er es geplant hat. Nur mit einer „guten“ Klasse oder Gruppe gilt ja ein Lehrer oder Erzieher als „guter“ Pädagoge.

Solange der Pädagoge ein „gutes“ Verhältnis zu seinen Kindern hat, ohne daß diese von ihm abhängiger werden, als sie es von ihrem Entwicklungsstand her sind, ist die Form des Spiels eine von vielen Möglichkeiten, Toleranz und Kooperation einzuüben. Sie ist nicht die wichtigste. Besonders freies Spiel kann dann von Bedeutung sein, wenn es um Grundlagen für eine vertrauensvolle Beziehung zwischen Pädagogen und Kindern geht. Angeleitetes Spiel dagegen zielt auf das gemeinsame Erlebnis ab und ist zugleich Prüfstein, ob die Gruppe (der Pädagoge eingeschlossen) etwas schon kann oder nicht.

Da das Spiel, so wie es Kinder von sich aus spielen, nicht mehr zum ständigen Verhaltensrepertoire des (erwachsenen) Pädagogen gehört, d.h. also eine vergangene Verhaltensform darstellt, ist es besonders bedeutsam und wichtig, die Kinder in *ihrem* Spielverhalten zunächst einmal so zu akzeptieren, wie sie sind. Allzu starke intentionale Hoffnungen mögen u.U. genau das Gegenteil produzieren von dem, was ein Pädagoge durch Spielvorschläge erhofft: Zwang und Anpassung.

4. „Erziehung“ der Erzieher

Kinder in uns und um uns

Alle Kinder sind verschieden. Eine banale Aussage? Alle Pädagogen sollten unparteiisch sein. Eine falsche Forderung?

Wie Kinder auf Erzieher wirken und was diese in Kindern sehen, will ich versuchen in Ausschnitten darzustellen. Zunächst geht es mir um die Unterschiedlichkeit von Kindern, d.h. wie abgesehen von Konstitution und Geschlecht unterschiedliche Lebensbedingungen auf sie wirken. Dann möchte ich mich der Perspektive des Pädagogen zuwenden. Welches sind „neuralgische" Punkte in seiner Wahrnehmung von Kindern? Dabei werde ich etwas genauer die pädagogische Beziehung betrachten, d.h. wie ein Kind die Person des Pädagogen berührt und was daraus abzuleiten ist.

Schmerzhafte Kindheiten

Daß Kinder ganz unterschiedliche Wünsche und Erwartungen an Pädagogen herantragen, läßt sich vielleicht am deutlichsten an dem Eindruck beschreiben, den sie bei ihnen hinterlassen. Da gibt es z.B. Heiner, der mit anderen wetteifert und ständig um Aufmerksamkeit bemüht ist; Beate, die ermutigendes Augenzwinkern und starke Zuwendung braucht; Mehmed, der schlecht deutsch spricht und versteht, sich aber fast schon unterwürfig bemüht, alle Anweisungen auszuführen, oder Susanne, die bemuttert werden will und für ihre Ordentlichkeit Belohnung erwartet.[1]

Solche Erwartungen und Wünsche der Kinder lassen sich bei genauerem Hinsehen verhältnismäßig plausibel aus der Art und Weise erklären, wie ihre Eltern mit ihnen umgehen, d.h. aus ihrer Lebens- und Lerngeschichte. Und je jünger die Kinder sind, mit denen man es zu tun hat, desto kompromißloser werden solche

Erwartungen und Wünsche sein. Je jünger nämlich Kinder sind, desto mehr sind sie von der Erfüllung ihrer Bedürfnisse abhängig, und das heißt zugleich von den Personen, die diese Bedürfnisse erfüllen können, also etwa den Erziehern. Gerade bei kleinen Kindern ist also die Übertragung familiärer Beziehungsmuster besonders stark.

Neben solchen allgemeinen Übertragungen wirken in die pädagogische Arbeit aber auch ganz konkrete Erlebnisse hinein, die Kinder lange Zeit beschäftigen können. Dabei handelt es sich vor allem um die unbewußte Wiederholung von schmerzhaften Erlebnissen, die zur Verarbeitung, d.h. zur Integration in das Bewußtsein und die Fähigkeit des Kindes drängen. Der Erzieher wird somit nicht nur Adressat spezifischer Beziehungsmuster, sondern ihm werden gleichzeitig die ein Kind zentral beschäftigenden Konflikte vorgeführt, für die seine Ich-Stärke zum Zeitpunkt ihres ersten Auftretens nicht ausreichte. Ein Beispiel dafür ist etwa folgende Kindergartenszene mit Dreijährigen:[2]

Aus Plastikquadraten bauen sie während einer freien Spielphase verschiedene Abgrenzungen für Tierställe (für Schweinchen und Katzen). Eines dieser Kinder, Tamara, steigt über die Abgrenzungen hin und her, springt über die Plastikplatten und ruft: „Das ist jetzt mein Springbrunnen, da kann ich springen." Diese Bemerkung, die so gar nicht zu dem allgemeinen Spielverlauf zu passen scheint, deutet an, daß Tamara das Spielszenario zur Wiederholung und Verarbeitung ihres Traumas benutzt: Sie hat sich nämlich bei einem Fall in den Springbrunnen des elterlichen Gartens den Arm gebrochen. In ihrer Variante des Tier-Ställchen-Spiels überwindet sie den psychologischen Schmerz des Gefallenseins bei den Eltern mit dem Ich-stärkenden Probehandeln (da kann ich springen). Im Spiel mit den anderen Kindern ergibt dies zwar keinen Sinn, führt aber auch zu keiner Störung, weil jedes Spielarrangement, auf das sich eine Kindergruppe einigt, eben auch genau diesen Freiraum für jedes einzelne Kind enthält.

Im Falle Tamaras ist es nicht schwer, das Hineinreichen individueller Erlebnisse in den Kindergartenalltag zu erkennen. Einerseits handelt es sich um einen deutlichen Zusammenhang zwischen einer zurückliegenden Verletzung und einem verbalen Hinweis. Andererseits taucht dieser Zusammenhang in einer freien Spielsituation auf. Die Spielphantasien der Kinder sind hier nicht mit den Wünschen und Erwartungen des Erziehers konfrontiert. Das Spiel muß also nicht unbedingt einen sofort erkennbaren Sinn ergeben. Man kann sich jedoch leicht vorstellen, daß gerade kleine Kinder ständig mit Konfrontationen beschäftigt sind, vor allem wenn sie zu „Verletzungen" geführt haben. Solche Konfrontationen können elterliche Programme, wie z. B. Ver- und Gebote, ebenso sein wie deren Folgen als Reproduktion früher Erfahrung.[3]

Ich möchte ein Beispiel zitieren, in dem deutlich wird, daß in der unbewußten Wiederholung schmerzhafter Körpererlebnisse zugleich ein psychisches Problem und eine Botschaft an den Erzieher verborgen ist. Elsbe Brost, die körperbehinderte Kinder unterrichtet, erzählt: „Volker quälte schwächere Kinder. Zusammen mit seinem Freund zog er Kuno, der sich nie wehrte, in eine Toilette, fesselte ihn an den Händen, wand die Schnur um seinen Hals und stopfte ihm das Ende in den Mund..." Volker, der schon viele Operationen an seiner Wirbelsäule hat durchmachen müssen, steht vor einer neuen Operation: „Da kriegt man eine Narkose, und da kann man dran sterben. Dann bist' weg vom Fenster."[4]

Die Pädagogin Elsbe Brost versucht, Volker zu helfen, sie schreibt den Eltern von seinen Ängsten und bittet sie, ihn nicht allein zu lassen. Sie jedoch liefern ihn nur im Krankenhaus ab und fahren wieder heim: „Volker überstand die Operation. Erleichtert las ich die Karte, die er mir in den Sommerferien schrieb. Volker zu lehren war schwer, solange ihn diese verborgenen Ängste quälten. Es gab sie lange Zeit nicht preis. Stattdessen machte er den anderen Kindern Angst. Es reizte ihn, daß Kuno sich nicht wehrte: Hier konnte er endliche einmal derjenige sein, der Macht ausübte! War er nicht selber immer wieder wehrloses Opfer? Er hätte gar zu gerne selber gelernt, sich zu wehren! So gab er das Entsetzen weiter: Kuno mußte sich ausziehen, wurde gefesselt, ihm wurde der Mund gestopft. Das erinnert an operationsvorbereitende Maßnahmen. Tat er Kuno an, was ihm selber angetan worden war? Wir, die Erwachsenen, begriffen nichts von solchen Zusammenhängen. Die Erzieherinnen und ich sprachen fassungslos von der Gemütskälte dieses anscheinend sadistischen Kindes, an dem alle Vorhaltungen abprallten.“[5]

Der Bericht über Volker trägt den Titel „versteckte Hilferufe“. Volker versucht durch sein Verhalten gegenüber den anderen Kindern nicht nur mit seinen Erlebnissen fertigzuwerden (indem er sie spielerisch und unerkannt wiederholt), sondern er macht auf sein eigentliches Problem aufmerksam: die Ohnmacht gegenüber den Mächtigen, die ihm in seiner Angst helfen könnten. Natürlich sind dies zunächst seine Eltern. Wenn aber seine Eltern versagen, wer wäre ihm näher als seine Erzieherinnen?

Die Kindheit des Erziehers

Wahrscheinlich hat man im normalen pädagogischen Alltag nur selten mit Kindern zu rechnen, die solche schweren Verletzungen verarbeiten müssen. Aber auch „leichtere“ Verletzungen ersparen nicht zu sortieren, welche „asozialen“ Verhaltensweisen ihren verborgenen Sinn in familiären Verhältnissen haben und zu entscheiden, mit welchen pädagogischen Maßnahmen man ihnen am sinnvollsten begegnet. Kann aber jeder beliebige Erzieher jede beliebige Maßnahme „verhängen“? Kann jeder Erzieher zur gleichen Wahrnehmung einer bestimmten Situation kommen, und gibt es überhaupt eine pädagogische Professionalität unabhängig von der Lern- und Lebensgeschichte, also der Kindheit des Erziehers?

Es gibt meines Wissens nur wenige Berichte darüber[6], ob und welche Bedeutung die Kindheit des Erziehers für seine pädagogische Tätigkeit hat, auch wenn Siegfried Bernfeld bereits 1925 darauf aufmerksam gemacht hat.[7] Wenn man sich jedoch der Auffassung anschließen kann, daß die Lerngeschichte eines Kindes mit allen lebenspraktischen Erfahrungen mehr oder weniger festlegt, wie und was es als Erwachsener denkt und fühlt, und wenn man zugleich davon ausgeht, daß die meisten Erwachsenen wenigstens öffentlich ihre Kindheit als erledigt betrachten, d. h. in Verbindungen von Kindheit und Erwachsenenalter als nicht bedeutsam bezeichnen, dann ist damit die Schwierigkeit umrissen, plausible Belege für das „Kind im Pädagogen“ zu liefern.

Ich möchte dennoch an einem Beispiel den Versuch machen, den Zusammenhang zwischen pädagogischer Situation und Wiederbelebung kindlicher Phantasien und Erlebnisinhalte zu verdeutlichen. Das Beispiel stammt von einer Pädagogin, die Beratung in Problemen mit Kindern suchte und bereit war, ihre eigenen Gefühle dabei in einer psychoanalytisch orientierten Supervisionsgruppe mitzuteilen.[8] Sie berichtete die folgende Szene aus einer Kindergruppe Fünfjährger:

Während der Vorbereitungen, im Stuhlkreis eine Geschichte vorzulesen, legt sich ein Mädchen, Daniela, in den Kreis, Arme und Beine ausgebreitet wie ein kleines Baby. Nachdem die Pädagogin zunächst versucht, Daniela, das „Baby“, zu übersehen, um dann mit allen Registern ihrer pädagogischen Tricks zu erreichen, daß Daniela sich wie die übrigen Kinder hinsetzt, beginnt diese mit verstärkten Bemühungen, als Baby auf die Erzieherin einzuwirken. Sie schubst sie mit den Füßen und schreit heftig. Schließlich bricht Daniela aus dem Kreis aus und droht, aus dem Fenster zu springen: „Ich bringe mich um!“ Die Erzieherin ist verzweifelt.

Bei der Rekonstruktion dieser Szene in der Supervisionssitzung erinnerte sich die Erzieherin an eine für sie typische Reaktionsweise in ihrer Kindheit, wenn sie nämlich das schmerzliche Gefühl des Übersehen-Werdens hatte. Sie erzählte unter Tränen, wie sie als Kind häufig in der Hoffnung von zu Hause weggelaufen sei, von ihren Eltern zurückgeholt zu werden. Auch an Selbstmordgedanken könne sie sich erinnern (dann können sie mich nicht mehr zurückholen), da die Eltern mitnichten ihrer Erwartung gemäß reagiert hätten. Die Abwehr dieser schmerzlichen Erinnerung in der Kreissituation hatte sie offensichtlich „blind“ gemacht, Danielas Reaktion zu erkennen, zu verstehen und dann das „Richtige“ zu tun.

Eigene Betroffenheit als Wegweiser

Es gibt eine Reihe von Berichten solcher Erlebnisse aus Supervisionsgruppen, die zeigen, wie sehr die Person des Erziehers, d.h. seine spezifischen Wahrnehmungs- und Reaktionsweisen, aber auch seine unerkannten eigenen Wiederholungen schmerzlicher Erlebnisse die sozialen Probleme in Kindergruppen schaffen, unter denen er selbst leidet.[9] Es scheint mir daher nicht weit hergeholt, aus solchen Berichten den Schluß zu ziehen, daß auch Erzieher in der Kindergruppe etwas Unerledigtes unerkannt wiederholen, ja durch die Kinder vor ihnen geradezu herausgefordert werden. Mit der Schilderung problematischer Kinder schildern Erzieher nämlich auch einen Teil ihrer eigenen Person, die mit etwas nicht fertiggeworden ist, die sich in etwas Unangenehmes verwickelt fühlt, die schließlich darunter leidet, daß sie nicht „richtig" reagieren kann. In der Beschreibung des Verhaltens eines problematischen Kindes ist also ein Stück weit die Problematik des „Kindes im Pädagogen" verborgen und kehrt dort wieder.

Ist die Betroffenheit als eigene erkannt, d.h. weiß der Erzieher, warum er nicht die „richtige" pädagogische Maßnahme gefunden hat, dann verschwinden häufig die drängenden Probleme mit dem entsprechenden „Kind vor dem Pädagogen". Es wird nämlich deutlich, welcher Anteil dem Kind wirklich zuzurechnen ist und welcher dem „Kind im Pädagogen". Zugleich verschwindet aber auch die drängende pädagogische Erwartung und die Kränkung durch das Kind, das man bisher nichts bei ihm hat ausrichten können. Dadurch entspannt sich auch die Beziehung, und das Kind kann sich nun anders, „unproblematischer", verhalten.

Problemlösungen haben ihren Preis

Übertragungsprozesse im Umgang mit Kindern und die Macht, die diese auf Erwachsene ausüben, vor allem jüngere Kinder, sind in der analytischen Kinderpsychotherapie seit langem bekannt.[10] Dorthin allerdings sind die Kinder als „krank" zur Spezialbehandlung verwiesen. Es spricht viel dafür, daß Übertragungen auch in pädagogischen Beziehungen problematisch oder gar krankmachend werden können, ohne daß man den Kindern gleich eine Neurose unterstellen oder von Erziehern therapeutische Qualifikationen erwarten muß. Und umgekehrt vermute ich, daß Pädagogen ähnliche Probleme mit ihren Gefühlen gegenüber Kindern haben, wie die Therapeuten. Daraus leite ich meine Schlußfolgerungen ab.

Auf zweierlei Art kann man in pädagogischen Beziehungen mit Gefühlen umgehen. Zum einen kann man versuchen, sich möglichst frei von ihnen zu machen, und das heißt zugleich, daß Kind in sich „zu befreien". Dazu muß man sich allerdings auf solche Beziehungen einlassen, in denen die Bearbeitung eigener schmerzhafter Gefühle im Vordergrund steht. Das kann eine Selbsterfahrungsgruppe sein, das kann aber im Extremfall auch den Gang zum Psychotherapeuten bedeuten. Daß dies nicht allzu abwegig ist, ist leicht einsichtig: Von den Übertragungen der Kinder auf den Erzieher, also von all ihren Wünschen und Erwartungen, muß er umso mehr abwehren, je mehr die Schmerzen des „Kindes in ihm" für seine Wahrnehmung und Verhaltensmöglichkeiten bestimmend sind. Und je stärker dies zutrifft, desto belastender gestaltet sich seine Arbeit (entweder gehe ich kaputt oder das Kind geht kaputt).

Man kann aber auch die eigenen Gefühle in einer pädagogischen Situation als Hinweis dafür nehmen, wie es den Kindern gegenüber, und zwar der gesamten Gruppe gerade geht, ohne sich allen Facetten seiner eigenen Kindheit aussetzen zu müssen. Die psychoanalytisch orientierte Supervision ist eine Möglichkeit, diese Art des Umgangs mit Gefühlen in der Erziehung zu erproben. Sie setzt allerdings die Fähigkeit zur Distanzierung voraus. Nur wer sich nicht durch alles, was er bei den Kindern sieht, immer und unbedingt persönlich angegriffen fühlt, wird sich gestatten können, eigene Gefühle als gespiegelte Botschaften der Kinder zu interpretieren. Ob man nun dazu neigt, in Problemen mit schwierigen Kindern weiterhin nach „pädagogischen Maßnahmen" zu suchen oder ob man die Verstrikkungen der eigenen Person in die Beziehung zu den Kindern verstehen und nutzen lernt – niemandem bleibt das Kind in sich erspart.

Lehrerautorität

„Wir wünschen uns Lehrer, die Autorität besitzen, ohne daß sie Druck auf uns ausüben. Die Angst vor Strafe oder Noten macht uns und unsere Mitschüler zu ‚Punktejägern', die gegeneinander kämpfen. Einig sind wir uns nur, wenn wir einen schwachen Lehrer fertigmachen können."

Dieser Aussage von Schülern der Sekundarstufe II stehen folgende Lehrereinschätzungen gegenüber: „Schüler wollen alles gemacht bekommen und es schön haben oder Druck kriegen. Bevor wir in die Klasse gehen, überlegen wir schon, welche Druckmittel wir einsetzen, um uns durchzusetzen."

Als erstes möchte ich im folgenden einige theoretische Aspekte schulischer Beziehungen benennen, in denen solche Wünsche und Erwartungen angesiedelt sind, um auf den Teil der Lehrerautorität zu sprechen zu kommen, der in Lehrerfortbildungsseminaren mit gruppendynamisch bzw. gruppenanalytisch orientierten Methoden bearbeitet werden kann. Daran anschließend werde ich als zweites zwei Szenen aus einem solchen Seminar vorstellen, an denen Erscheinungsweise und Dynamik der Auseinandersetzung mit der Autoritätsproblematik deutlich wird. Drittens sollen theoretische Überlegungen zum Prozeß der Entstehung und Verfestigung von Autoritätsstrukturen in Gruppen und sich daraus ergebende Fragen meine Überlegungen abschließen. Zunächst zum ersten Teil, also zu mir wesentlich erscheinenden Aspekten der Lehrerrolle im Bezug zum Thema Autorität.

Schüler erwarten Lehrerautoritäten in erster Linie nach elterlichem Muster, d. h. Autoritäten, mit denen sie sich identifizieren oder von denen sie sich abgrenzen können. Sie sollen stark genug sein, um die Klasse oder den einzelnen in ihr schützen zu können, und sie sollen den Schülern genügend geistige Nahrung bieten.

Die schulische Definition der Lehrerrolle kommt letzterem dadurch entgegen, daß der Lehrer unhinterfragt „alles" wissen muß. Zugleich aber unterstützt die offizielle Lehrer-Schüler-Beziehung den Rückzug auf die schulischen Rituale für den Fall, daß persönliche Erfahrungen miteinander die gegenseitigen Wünsche und Erwartungen nicht einlösen. Hier sei nur am Rande erwähnt, daß, wie die Aufdeckung der unbewußten Motivation für den Lehrerberuf zeigt, Aspekte der Lehrerpersönlichkeit den ritualisierten Momenten der Lehrer-Schüler-Beziehung entsprechen.

Diese Rituale decken jedoch nicht den gesamten Bereich der Verhaltensmöglichkeiten zwischen Lehrern und Schülern ab, sondern lassen dem Lehrer eine nicht unterrichtlich geregelte „Restfreiheit".[1] In ihr kommt der persönliche Anteil des Lehrers an den Beziehungsprozessen in der Schulklasse, etwa in seinem Unterrichtsstil bzw. in der Ausübung seiner persönlichen Autorität, zum Tragen. Dort bringt der Lehrer die Erfahrung von und mit Autorität ein, die er mit seinen Eltern und seinen eigenen Lehrern gesammelt hat. Mit diesen (internalisierten) Mustern zur Durchsetzung seiner Person in der Klasse ist aber auch seine spezifische Form der Auseinandersetzung mit Autorität verbunden, sei es, daß er sie offen austragen will (wie etwa Studenten und Lehrer in den 60er Jahren), oder daß sie latent geführt wird (wie etwa in den heutigen Klagen der Lehrer, daß man alles gern anders hätte, aber nicht anders könne).

Die Institution Schule stützt also einerseits die Autoritätsstruktur in der Lehrer-Schüler-Beziehung, d. h. sie stützt die reale Macht des Lehrers über seine Schüler, bedingt aber zugleich auch die Spannungen, die sich aus der Restfreiheit, d. h. aus dem persönlichen Führungsstil des einzelnen Lehrers gegenüber seiner Klasse ergeben. Die Verschärfung dieser Spannung ist nicht zuletzt dadurch institutionalisiert, daß sowohl die Schüler sich dem Lehrer gegenüber in einer kollektiven und ambivalenten Abhängigkeit befinden (Schutz und Versorgung einerseits, Benotung und Bestrafung andererseits), als auch die Lehrer in einer Abhängigkeit gegenüber der Autorität der Schulbehörde (bzw. ihren einzelnen Stellvertretern) stehen. Der Beamtenstatus des Lehrers hat ähnlich ambivalente Aspekte der Versorgung durch den gesicherten Arbeitsplatz und die Sicherheit von Vorschriften, zugleich aber der Abhängigkeit und der partiellen Unmündigkeit.

Die Übertragung der Autoritätserfahrungen in dieser Struktur ist ein Thema der Auseinandersetzungen in Lehrerfortbildungsseminaren mit folgenden Zielen:

1. „Sensibilisierung des Lehrers für das Unterrichtsgeschehen in Verbindung mit besserer Wahrnehmung des eigenen Lehrer-Schüler-Verhaltens...
2. Sukzessive Loslösung von *Autoritätsfixierungen;* fortschreitende Entwicklung in Richtung persönlicher Unabhängigkeit, verbunden mit erhöhter Durchsetzungsbereitschaft, unter Berücksichtigung der je spezifischen politischen Lage und der Gruppensituation.
3. Abwendung von privatistischen Einstellungen und Hinwendung zu einem Verhalten, das gekennzeichnet ist durch Kommunikations- und Kooperationsbereitschaft und durch engagierte Stellungnahme für die eigenen Überzeugungen.
4. Die Fähigkeit, persönlich individuelles Verhalten relativ zu seinen gesellschaftlich-politischen Bestimmungsfaktoren zu sehen."[2]

Fortbildungsseminare mit Selbsterfahrungscharakter sind deshalb für die Bearbeitung dieser Problematik von Vorteil, weil sie in offenen Beziehungsstrukturen stattfinden, so daß keine institutionelle Regelung zur Abwehr oder Verdrängung von Macht- oder Abhängigkeitswünschen bzw. -phantasien zur Verfügung steht. An den Beziehungsprozessen zwischen Teilnehmern und Leitern, also den Autoritäten der Seminare, können die sich ergebenden Wünsche, Phantasien und Erwartungen abgehandelt werden. Dort ist es zugleich möglich, das Thema Autorität unter dem Aspekt ihrer Entstehung und Entwicklung, also als Teil eines Gruppenprozesses kennen- und handhaben zu lernen. Seminare dieses Typs, aus denen ich nun zwei charakteristische Szenen vorstellen möchte, werden von der Hessischen Landeszentrale für politische Bildung (Wiesbaden) im Rahmen der Lehrerfortbildung angeboten und sind seit Jahren überlaufen.

Bearbeitungen

Die Szenen, die ich hier berichten möchte, stammen aus einem einwöchigen Lehrerfortbildungsseminar (montags bis samstags) zum sozialen Lernen in der Schule. Die 28 Teilnehmer, Lehrer aller Schulstufen, bildeten zu Beginn des Seminars drei etwa gleichgroße Gruppen, die drei Leitern, sogenannten „Teamern" (zwei Männer und eine Frau), zugeordnet wurden. Das Seminar fand im Wechsel zwischen Kleingruppenarbeit vormittags und Plenumsarbeit nachmittags statt. Eine Abendsitzung in den Kleingruppen diente zur abschließenden Reflexion des Tagesgeschehens.

Die Inhalte des Seminars waren durch das Seminarthema vorgegeben, während die Methoden des Vorgehens in den Kleingruppen unter dem Aspekt der Selbsterfahrung von den Teilnehmern bestimmt werden sollten. Die Teamer hatten die Aufgabe, die Arbeitsfähigkeit der Gruppen herzustellen und zu unterstützen. Ihre Vorschläge dazu sollten sich auf die Kompetenz der Lehrer beziehen, während sich ihre Intervention zum Gruppenprozeß an der Gruppendynamik bzw. an gruppenanalytischen Verfahren orientierten.

Die sechs Plenumssitzungen dienten in erster Linie dazu, sich gegenseitig den Stand der Gruppenarbeit und des Gruppenprozesses mitzuteilen und die sich daraus ergebenden Fragen zu beantworten. Die Teilnehmer sollten im Sinne eines Transfers auf die schulische Situation (Kollegium) lernen, ihre „Betroffenheit" in der Kleingruppe in einer größeren Gruppe, dem Plenum, kommunizierbar zu machen. Die erste Szene, die ich berichten möchte, stammt aus dem Plenum nach der vierten Kleingruppensitzung, also aus einer frühen Phase des Seminars. Alle Teilnehmer und die Teamer saßen in einem großen Stuhlkreis. Die drei Gruppen führten den aktuellen Stand ihres Prozesses nacheinander szenisch bzw. pantomimisch in der Mitte dieses Stuhlkreises vor. Sie hatten sich dazu vor dem Plenum und in Abwesenheit ihrer jeweiligen Teamer vorbereitet. Die Gruppe, um die es mir hier geht, stellt zu Beginn ihrer Darstellung einen Tisch in die Mitte des Stuhlkreises, während einer der männlichen Teilnehmer sich mehrere Kleidungsstücke der anderen Gruppenmitglieder anzog. Dann setzte er sich eine Krone aus Papier auf, stieg auf den Tisch und verharrte dort wie ein Denkmal. Es war dies überdies der Teilnehmer der Gruppe, der in allen Plenumssitzungen gegenüber seinen Gruppenmitgliedern am deutlichsten in Erscheinung trat.

Die Gruppenmitglieder legten ihm zu Füßen mehrere Papierrollen auf den Tisch, auf denen sie nach einem Vorschlag ihrer Teamerin in der ersten Kleingruppensitzung also einen Tag zuvor, problematische Szenen aus ihrem Schulalltag gemalt hatten. Sie gingen nun mit Geräuschen und Gebärden des Frierens um den Tisch herum, bis schließlich eine Teilnehmerin sich demütig dem „König“ zuwandte. Huldvoll verteilte dieser die Papierrollen und begab sich dann in all seiner Kleidung wieder in seine alte Pose. Etwas ratlos hielten die Teilnehmer ihre Papierrollen in den Händen, wandten sich vom Tisch fort, um sich in einiger Entfernung zu zweien bzw. zu dreien aneinandergeklammert auf dem Fußboden niederzulassen. Damit beendete die Gruppe ihr Spiel.

In der sich anschließenden Reflexion wurde die Gruppe von Teilnehmern der anderen beiden Gruppen mehrmals gefragt, ob im König die Teamerin dargestellt worden sei bzw. ob das Spiel das Machtverhältnis der Teamerin zur Gruppe ausgedrückt habe. Darauf entgegnete die Gruppe, ihre Darstellung habe zwar etwas mit Macht zu tun, keinesfalls aber mit ihrem Verhältnis zur Teamerin, eigentlich hätte jedes Gruppenmitglied damit gemeint sein können. Obwohl also die Gruppe eine Abhängigkeit darstellte (einer hat etwas, dessen alle entbehren) und mit dem „abgespeist“ wurde, was eindeutig ein Angebot der Teamerin war, konnte sie in diesem Stadium des Prozesses diese Beziehung ihres Spiels zur Gruppenrealität nicht erkennen, geschweige denn reflektieren.

Einer zweiten szenischen Darstellung dieser Gruppe am letzten Abend des Seminars, also zwei Tage später, ging ein Bericht bzw. ein Spiel der anderen beiden Gruppen voran, die der Darstellung der Gruppe, um die es mir hier geht, quasi eine „Schlüsselrolle„ gaben. Wieder waren alle drei Gruppen aufgefordert, ohne ihre Teamer das Plenum in der bekannten Weise vorzubereiten. Eine Gruppe teilte jedoch zu Beginn des Plenums mit, sie haben einen so massiven

Konflikt zwischen zwei Männern in der Gruppe klären müssen, daß dabei die gesamte Vorbereitungszeit draufgegangen sei. Nachdem dies vom Plenum schweigend hingenommen worden war, spielte die zweite Gruppe eine GEW-Sitzung, in der einer der Teilnehmer eine Friedensaktion planen und durchsetzen wollte. Das Spiel dieser Gruppe endete damit, daß sich keines der Gruppenmitglieder durchsetzen konnte und die Planung der Aktion auf einen imaginären nächsten Termin verschoben wurde. Der Teamer dieser Gruppe forderte nun das Plenum auf, doch mit anderen Teilnehmern spontan nocheinmal dasselbe zu spielen unter dem Aspekt, sich diesmal mit dem Vorschlag einer Friedensaktion durchzusetzen. Aus der dritten Gruppe setzte sich sofort der Teilnehmer in die Mitte, der im früheren Spiel den „König“ dargestellt hatte. Er versuchte nun, mit anderen, die sich sehr schnell dazugesellten, das Durchsetzungsspiel zu wiederholen. Kein Wort der Plenumteilnehmer mehr dazu, daß eine Gruppe überhaupt nichts vorbereitet hatte, kein Wort von Teilnehmern der dritten Gruppe, die ihr vorbereitetes Spiel noch nicht hatten präsentieren können und von denen man doch hätte annehmen müssen, daß sie darüber gekränkt seien.

Als die Plenumszeit fast vorbei war, intervenierte ein anderer Teamer, daß die Spiele im bisherigen Plenumsverlauf die aktuelle Situation der Plenumsgruppe gespiegelt hätten: etwas Wichtiges müsse wohl auf einen anderen Termin verschoben werden. Die Teilnehmer wurden hellhörig und begannen nun, die erste Gruppe über den Konflikt zwischen den beiden Männern aufzufragen. Es kam heraus, daß es diesen Männern um die Frauen in der Gruppe ging, und es fiel der Begriff „Hahnenkampf“. Die Gruppe konnte allerdings keine befriedigende Antwort darauf geben, wieso in Abwesenheit ihres Teamers ein so ernsthafter Konflikt hatte bearbeitet werden können, und zwar mit Erfolg, wo man doch davon ausging, daß die Auseinandersetzung über solch ernste Konflikte nur mit Teamer möglich sei. Daß es also bei dem Konflikt der ersten Gruppe um das (Macht-)Verhältnis zum Teamer ging, war heraus. Warum aber sollte dieses Thema im Plenum als „Friedensaktion“ verschoben werden, wie es die zweite Gruppe darstellte?

Jemand kam fünf Minuten vor Schluß des Plenums auf die Idee, daß der „Schlüssel“ zu dieser Frage im Spiel der dritten Gruppe verborgen sein müsse, die zwar einen symbolischen Durchsetzungsversuch in der Person des „Königs“ gestartet, bisher aber noch nicht auf der Präsentation ihres Spiels bestanden hatte. Man war sich so einig, das Spiel dieser Gruppe sehen zu wollen, daß die üblicherweise als Kleingruppensitzung angesetzte Abendphase zu einer weiteren Plenumssitzung umfunktioniert wurde. Dort spielte also nun die dritte Gruppe, etwas widerstrebend (weil tatsächlich gekränkt, daß sie so „übergangen“ worden sei) folgende Szene: Es ist Klassenfest. Ein Schülerpärchen sitzt schmusend auf einem Stuhl, bezeichnenderweise der „König“ und eine Teilnehmerin, andere Schüler hängen lustlos herum. Ein Lehrer geht ermunternd durch die imaginäre Klasse. Eine Lehrerin kommt dazu, ist über das knutschende Pärchen entsetzt und fordert den Klassenlehrer auf, einzugreifen. Der wiegelt ab, worauf sich die Lehrerin zum Direktor begibt. Der Direktor kommt hinzu und treibt das Pärchen und damit das Klassenfest auseinander.

In der sich anschließenden Reflexion wurde heftig über das Verhältnis von Macht und Sexualität, von Autorität und dem Verhältnis von Männern zu Frauen geredet. Phantasien über Beziehungswünsche zu den Teamern und der Teilnehmer untereinander wurde geäußert, und zugleich wurde ein Teil des Gesamtprozesses des Seminars plötzlich als Abhängigkeit der Beziehungen in der Gruppe von den Personen der Teamer sichtbar und reflektierbar. Es sah aus, als seien in allen Gruppen „Knoten geplatzt“. Soweit die Szenen aus dem Gruppenprozeß einer Lehrergruppe. Nun zum dritten Abschnitt meiner Überlegungen, den Interpretationen und der theoretischen Einordnung.

Interpretationen

Ich habe diese zwei Szenen ausgewählt, weil sie zwei Stationen in der Bearbeitung von Macht- und Abhängigkeitsphantasien charakterisieren, die ganz allgemein für Gruppenprozesse typisch zu sein scheinen. Zunächst einmal besteht zu Beginn der Beziehung zwischen einem Gruppenleiter und den Gruppenmitgliedern eine extreme Abhängigkeit, die die Phantasien der Teilnehmer offensichtlich anregt, den Leiter unrealistisch zu überhöhen. Der Leiter besitzt alle Weisheit, nur er hat die Macht, den Teilnehmern diese

Weisheit quasi mit Löffeln auszuteilen.[3] Selbst wenn den Teilnehmern in solchen Seminaren zu Beginn mitgeteilt wird, daß das Wissen in ihnen selbst läge, ändert dies nichts an ihren Phantasien. In der ersten Szene, die ich berichtet habe, geraten die Teilnehmer der Teamerin gegenüber in eine offensichtlich kleinkindliche Position, aus der heraus sie sich erst auf ihre eigenen Kräfte besinnen müssen. Das Bild des Königs verweist auf die ambivalente Position des Herrschers und Beschützers. Seine Autorität in einem frühen Stadium des Prozesses anzugreifen (z.B. in der Enttäuschung, daß die Teamerin in Wirklichkeit ihre Erwartung ja gar nicht erfüllt), mag aus diesem Grunde höchst angstbesetzt sein.

Es ist einsichtig, daß eine Gruppe in diesem Stadium sehr leicht von archaischen Gefühlen wie Kälte, Verlassenheit, Wut und Haß „überschwemmt“ werden kann. Solche Gefühle äußern sich vorzugsweise in Verschiebung auf andere Teilnehmer (der „König“ hätte jedes andere Gruppenmitglied außer der Teamerin sein können), die damit stellvertretend zur Verantwortung gezogen, bestraft oder gar verstoßen, d.h. aus der Gruppe herausgeworfen werden. Mit der Arbeitsfähigkeit der Gruppe ist es in diesem Stadium nicht weit her. Und von daher ist es verständlich, daß man von „warning up“ spricht, um in Gruppen ein günstiges Lernklima herzustellen. Mir ist dagegen wichtig, hier festzuhalten, daß es von der Autorität des Leiters abhängt, ob er das „Stellvertreterprinzip“ in dieser Phase erkennt, d.h. ob er den vermeintlichen Außenseiter halten kann, hält und die Arbeit der Gruppe in Bezug zu seiner Rolle sieht.

Die zweite Szene zeigt ein späteres Stadium im Gruppenprozeß, in dem sich die Auseinandersetzung mit der Autorität des Leiters mit sexuellen Phantasien und Wünschen verbindet. Er ist nun die geliebteste Person im partnerschaftlichen Sinne, aber auch der schärfste Konkurrent. Und er scheint seine Macht auf die Verdrängung der Offenlegung von Paarbeziehungen in der Gruppe zu gründen. Der Rektor, der die Knutscherei unterbindet (während der Klassenlehrer sie zuläßt) und der Hahnenkampf der anderen Gruppe in Abwesenheit des Teamers sind dafür Belege. Wo kämen wir hin, wenn der Gruppenleiter Paarbeziehungen öffentlich zulassen würde? Müßte er in seiner Phantasie nicht damit rechnen, selbst zur Verfügung zu stehen und damit die Vorzüge seiner Person, d.h. seine „Potenz“, die nicht nur in seiner Rolle liegt, auf die Probe gestellt sehen?

Ebenso wie der Umgang mit Versorgungswünschen erweist sich hier der Umgang mit sexuellen Phantasien als ein wichtiges Mittel für die Aufrechterhaltung und Machtstrukturen. Deren Aufhebung ist wahrscheinlich nur dann möglich, wenn diese Phantasien ansprechbar und bearbeitbar sind, vor allem aber, wenn Person und Rolle des Leiters in der Grupe direkt angesprochen und geklärt werden kann. Eben dies ist ein vorrangiges Ziel der Lehrerfortbildungsseminare des vorgestellten Typs. Die Teamerin schreibt in ihrem Seminarbericht dazu: „In der (...) Schlußbesprechung äußerten nahezu alle Teilnehmer als wichtigste Lernerfahrung dieser Woche, daß zwar das Nähe-suchen zu mir oder zu anderen Teilnehmern, das Buhlen, eine zeitlang Energien gekostet hatte, daß aber am wichtigsten die Erfahrung war, sich abgrenzen zu können, sich selbst zu bestimmen, d.h. nicht nur sich durch andere zu definieren und seine Selbstbestätigung durch andere zu erfahren, sondern den Mut zu haben, zu dem zu stehen, was man eigentlich will, das ein Stück weit geschafft zu haben, und sich dabei gut zu fühlen. Alle waren froh, nicht die befürchtete Erfahrung der Ablehnung, des Ausgestoßenwerdens gemacht zu haben, sondern im Gegenteil immer mehr von den anderen respektiert worden zu sein, je stärker sie sich als eigene Person durch sich selbst definiert hatten."[4]

Daß die dort vorgefundenen Bilder der einzelnen Gruppenphasen nicht allein lehrertypisch sind, zeigt eine Untersuchung von Dieter Sandner, der die psychischen Prozesse in Kleingruppen untersucht hat. Demnach scheint es in allen von ihm referierten Gruppenprozessen mehr oder weniger deutlich eine sogenannte prä-ödipale Phase zu geben, in der dem Gruppenleiter Schutz und Versorgung abverlangt wird, während in der sich anschließenden ödiphalen Phase die Auseinandersetzung mit dem Leiter als der geliebten wie auch der gefährlichen Person im Vordergrund steht. Auf dem reflexiv-interaktionellen Verhaltensniveau in Gruppen wird schließlich der Leiter zu einem Gruppenmitglied, das eine besondere (Macht-)Position aufgrund besonderer Kenntnisse innerhalb der Gruppe besitzt: „Mit diesen realen, in der konkreten Gruppensituation feststellbaren und gegebenen Aspekten des Gruppenleiters setzen sich die Teilnehmer auf der reflexiv-interaktionellen Verhaltensebene auseinander, nicht aber mit in den Gruppenleiter hineinphantasierten Elternbildern... Interpersonell differenzieren sich die Beziehungen der Teilnehmer zueinander in der Weise, daß sich nach und nach herauskristallisiert, wer mit wem sich näher einlassen möchte, wer was von wem erwartet und wie sich die Beteiligten wechselseitig darüber verständigen. Auch der Gruppenleiter wird in diese Überlegungen einbezogen...“[5]

Die Gruppe zu einem Verhältnis zu führen, das man im weitesten Sinne partnerschaftliches Verhältnis zum Gruppenleiter nennen könnte, ist nach Sandners Auffassung nur dann möglich, wenn der Gruppenleiter in der prä-ödipalen Phase die Fähigkeit besitzt, archaische Ängste zuzulassen und auszuhalten, auf ödipalem Niveau Angriffe auf sich selbst und das Schwinden seiner zentralen Rolle zu ertragen und schließlich sich auf der reflexiv-interaktionellen Ebene als Person der Gruppe direkt stellen und zur Klärung seiner Rolle beitragen kann. Auf der Grundlage dieser Struktur von Gruppenprozessen kommt Sandner zu dem Ergebnis, daß die Gruppenleiter der von ihm untersuchten Gruppen (Thelen, Slater, Gibbard/Hartman und Bennis) den interaktionell-reflexiven Status nicht erreicht haben, d. h. mehr oder weniger versuchen, die Gruppe auf dem einen oder anderen Niveau (als versorgende Mutterfigur oder Autorität, vor der alle Angst haben) zu fixieren. Zu ähnlichen Ergebnissen über das Leiterverhalten in Lehrergruppen kommt auch Walter Giere, der sehr anschaulich die Stadien beschreibt, auf denen Leiter die Gruppen „beschäftigen“: „Der gütige Trainer, der alles versteht; der Trainer als Detektiv für therapeutische Fälle; der Trainer als Arrangeur und Moderator von Spielen“.[6]

Diese Erkenntnis hat – obwohl lehrerunspezifisch – dennoch für Lehrer eine besondere Brisanz. Weder müssen sie etwa wie die Gruppenleiter oder Teamer die Macht- und Abhängigkeitsphantasien allein in der Übertragung auf ihre Person bearbeiten. Sie sind in der schulischen Struktur auf die ritualisierten Abhängigkeits- und Machtstrukturen z. B. ihrer Schulklasse festgelegt. Noch können Lehrer für sich selbst ohne die Klärung ihrer Position gegenüber ihren Vorgesetzten und der Bürokratie ihre Autoritätsphantasien bearbeiten, solange sie die daraus resultierenden Abhängigkeitsstrukturen, in denen sie selbst stecken, zur Aufrechterhaltung ihrer Macht in ihrer Klasse benutzen müssen. Winfried Münch zeigt an einer eindrucksvollen Fallschilderung in einer Lehrersupervisionsgruppe, wie Autoritätsphantasien eines Lehrers verknüpft mit der Autorität seines Vaters und der Beziehung zu seinem Direktor erst an der Auseinandersetzung mit der Autorität des Supervisors bearbeitet werden können.[7]

Während im Umgang mit jüngeren Kindern dieses Dilemma noch nicht so deutlich wird (die reale Abhängigkeit der Kinder von dem Erwachsenen ist noch zu groß), kann an der Frage der Partnerschaftlichkeit etwa bei heranwachsenden Schülern die eigene Position bereits stark herausgefordert werden: Der Widerspruch zwischen den Wünschen nach Partnerschaftlichkeit und der Rolle als Autoritätsfigur läßt sich dort nicht mehr übertünchen.

Zum Abschluß einige Gedanken zum Transfer von Lernerfahrungen in Lehrerfortbildungsseminaren. Wenn man sich auch der Autoritäts- und Machtproblematik in Gruppen durch gruppendynamische und gruppenanalytische Methoden nähern kann, so gibt es doch in der Frage des Transfers der Kleingruppenerfahrung auf die schulische Realität einen entscheidenden Unterschied: Während in Lehrer-, also Erwachsenengruppen, die Autoritätsproblematik durch Regression (etwa auf die prä-ödipale Phase) und Progression (auf die interaktionell-reflexive Phase) bearbeitet werden kann, d.h. durch Regression auf die verbliebene Kindlichkeit und Progression als eine „Abnabelung" des einzelnen Teilnehmers von der Gruppe und vom Gruppenleiter, befinden sich Schüler – vor allem jüngere – in einer realen Abhängigkeit von ihrem Lehrer.[8] Sie sehnen sich in ihrem Entwicklungsprozeß nach dem Vorbild, das ihnen Identifikation oder Abgrenzung ermöglicht. Und der Lehrer hat über sie die Macht des Erwachsenen, nicht zuletzt dadurch, daß er ihnen Noten gibt.

Während also die Macht des Leiters in Erwachsenengruppen aus der Wiederbelebung der Ohnmacht kindlicher Phantasien der Teilnehmer erwächst, ist der „Vorsprung" des Lehrers vor seinen Schülern real. Das heißt allerdings nicht, daß dieser Vorsprung und die institutionelle Absicherung seiner Autorität allein ausreichend wären, um seine Position in der Klassengruppe zu garantieren. Zeigt er sich persönlich schwach, dann entlädt sich die Wut der Gruppe in dem Sinne auf ihn, als er ihr nicht den Schutz bietet, den Kinder von Erwachsenen verlangen. Ulrike Koester sieht das als Lehrerin so: „Ich sehe ein Bild vor mir, nämlich Kinder, die so lange ruhig – beruhigt – spielen, solange die Mutter in der Nähe ist. Mit Schrecken wird mit plötzlich bewußt, welche immens große Bedeutung ich für die Erstkläßler habe, wie abhängig sie in der Beziehung zu mir bzw.

von mir zu ihnen sind. Es ist wie ein Berg von Ansprüchen und Bedürfnissen, der da plötzlich personifiziert in 21 Kindern vor mir aufragt. Wenn ich so wichtig bin für diese Kinder, welche Machtmöglichkeiten habe ich dann über sie? Das erschreckt mich. Ich denke an meine erste Lehrerin im ersten Schuljahr, ja, die hatte irgendwie ‚Macht'; ich wollte nicht in die Schule, wenn ich mich von ihr abgelehnt fühlte, ich tat vieles, von ihr gemocht zu werden, ich weinte, als sie wegging. Diese Vorstellung von ‚Macht' halte ich schwer aus, denn mit der ‚Macht' haben es ja Lehrer als ‚Pädagogen' wirklich nicht, und Grundschullehrer schon gar nicht!"[9]

Für beide Gruppentypen, d. h. für Gruppen mit Erwachsenen und für Gruppen mit Kindern, läßt sich vielleicht mit Sandner festhalten, daß ein Gruppenleiter/Lehrer die Entwicklung einer Gruppe nur so weit fördern kann, wie er in der Lage ist, seine Selbstmächtigkeit bzw. seine Ohnmacht gegenüber den in der Gruppe aktuellen Themen in Frage zu stellen. Und das heißt „... welche psychosozialen Kompetenzen er selbst hinsichtlich der spezifischen Probleme erworben hat, die auf den verschiedenen Ebenen des Verhaltens (in Gruppen, C. B.) erforderlich sind."[10]

Abschließend bleibt festzuhalten, daß die Auseinandersetzung mit dem Thema Autorität seit einigen Jahren schon nicht mehr in der Offenheit geführt wird, wie gegen Ende der 60er Jahre noch. So schreibt Edith Wolf-Hüppauff, daß man seit 1975/76 von einer auffälligen Zurückhaltung der Teilnehmer von Lehrerfortbildungsseminaren sprechen könne, ja von „leisen Teilnehmern": „Der auffälligste Ausdruck dieser Veränderungen war eine Abwendung von der prononcierten und fordernden Suche nach Wegen zur Veränderung des schulischen Alltags. An ihre Stelle traten die Suche nach Trost, Schutz, Entlastung von bedrückenden und überfordernden Alltagsbedingungen. Diese Veränderung heißt nicht völlige Aufgabe der reformpädagogischen Ziele, sondern eine Verschiebung des Impetus von optimistischem Veränderungsdrang zu bedrückter Klage über die Schwierigkeiten des Details".[11]

Dies ist nicht zufällig so, sondern steht sicherlich in Zusammenhang mit der heutigen Berufssituation von Lehrern, in der Einstellungsstops und Reformmüdigkeit, aber auch frustrierende Erfahrungen mit Veränderungsbemühungen seit Ende der 70er Jahre einige Bedingungen dafür sein mögen.

Angst in der Schule

Den folgenden Vortrag habe ich während einer pädagogischen Konferenz eines Gymnasiums in einer hessischen Kleinstadt gehalten. Zu dieser Konferenz und zu diesem Thema war es gekommen, nachdem eine kleine Gruppe von jüngeren Lehrern, die mich zu dem Vortrag eingeladen hatten, den Direktor bewegen konnte, endlich auch einmal im Gesamtkollegium (etwa 120 Lehrer) über pädagogische Fragen zu sprechen. Der Lehrergruppe lag das Thema „Angst" besonders am Herzen, weil es z. T. auch ihr eigenes Problem gegenüber dem Direktor darstellte, den sie als ausgesprochen autoritär erlebte. Die pädagogische Konferenz fand eine Woche vor den Sommerferien, *nach* den Zeugniskonferenzen statt.

Ich freue mich, daß ich zu Ihrer pädagogischen Konferenz „Angst in der Schule" eingeladen wurde. Zugleich ist es mir allerdings auch etwas mulmig, wenn ich an den Zeitpunkt denke, zu dem Sie sich mit diesem Thema befassen und an die Art, wie die Einladung an mich zustande kam. Was könnte es nämlich bedeuten, so kurz vor langen Ferien und unmittelbar *nach* Zeugniskonferenzen, also dem Schülerangstthema schlechthin, eine pädagogische Konferenz zum Thema „Angst" zu veranstalten?

Um diese Situation etwas besser zu verstehen, habe ich versucht, mich in die Situation desjenigen Lehrers hineinzuversetzen, der – um es überspitzt auszudrücken – nach dem Streß der Zeugniskonferenzen und so kurz vor der Erlösung vom täglichen Schulkampf, sich ausgerechnet zum Thema „Angst in der Schule" etwas vorsetzen lassen muß. Als ein solcher Teilnehmer dieser Konferenz könnte ich jetzt einfach abschalten, sehnlich darauf warten, daß es vorbei sein möge, und insgeheim auf diejenigen fluchen, die mir dies alles eingebrockt haben. Ich könnte aber auch das Angebot der Situation aufgreifen, über die Angst der anderen, die mir quasi als Schützenhilfe gar noch einen Referenten zumuten, mich nicht einfach in eine passive Verweigerung drängen zu lassen. Ich könnte prüfen, was in diesem Thema für mich steckt, und sei dies die Möglichkeit, mich mit diesen anderen in einer Form auseinanderzusetzen, die nicht noch größere Angst provozieren könnte als meine Passivität.

Bevor ich als Referent nun aber zum Thema komme, möchte ich darauf hinweisen, daß ich im folgenden den Begriff „Angst" als Sammelbegriff für die unterschiedlichsten Erscheinungsweisen und Ausprägungen von Angst verwende, und daß ich von Situationen sprechen werde, die jeder wieder ein bißchen anders erlebt; in denen der eine sich nicht traut, der andere in Panik gerät; in denen man unsicher ist oder starkes Herzklopfen bekommt; in denen man furchtbar erschrickt oder großes Bauchweh hat. Ich beziehe mich also immer auf die gesamte Skala der Angstgefühle, die ja selten für zwei Personen in der gleichen Situation gleich sind.

Angsthase, Pfeffernase, morgen kommt der Osterhase

Hans Zulliger, ein Schweizer Pädagoge, beginnt sein Buch „Die Angst unserer Kinder" mit einer Beschreibung des Schlaraffenlandes, einer Märchenphantasie, die er mit dem Zustand totaler Geschütztheit und totaler Versorgung des noch nicht Geborenen während der Schwangerschaft vergleicht.[1] Der Übergang von dieser paradiesischen Einheit des Fötus mit der Mutter, in der wir alle einmal gelebt haben, zu der Trennung, d. h. dem Hinaustreten in das Leben, also der Geburt, bildet wahrscheinlich das Grundmuster der Angst gegenüber der Welt heraus. In diesem Zusammenhang sind übrigens die Spielphantasien von Kindern zu verstehen, sich in Höhlen zurückzuziehen, in denen es warm und dunkel ist und in denen man sich von allen Seiten geschützt fühlen kann. Auch in Redewendungen zur Wahrnehmung des Verhaltens anderer mag diese Phantasie aufgehoben sein, etwa in der, daß sich jemand in sein Schneckenhaus zurückzieht, wenn er sich gekränkt oder geängstigt fühlt.

Mir selbst erscheint dieses Bild vom Grundmuster der Angst eine plausible Analogie zu vielen alltäglichen Situationen aufzuweisen, vor allem in der Schule, in denen man sich von einer mehr oder weniger vertrauten Situation trennen und in eine mehr oder weniger unsichere oder gar beängstigende hineingehen muß. Dahinter können nämlich Befürchtungen stecken, daß die eigenen Kräfte nicht ausreichen, mit den Anforderungen der „Außenwelt“ fertig zu werden – um es im Bild der Geburtsanalogie auszudrücken. Eine in diesem Sinne besonders markante Situation könnte für einen Schüler der Klassenwechsel sein, bei dem er, quasi ausgestoßen, einen Platz in der neuen Klassengemeinschaft erkämpfen muß. Eine Gesamtschülerin schreibt z. B. über das Thema Angst in der Schule: „Ich bin sitzengeblieben und bin jetzt die Älteste in der Klasse. Das ist schlimm, weil man nicht mit Gleichaltrigen zusammen ist, dann benimmt man sich wie die Jüngeren, und das fällt in der Familie auf, und das hat Folgen ... Dann kann man Angst kriegen, und das ist schon schlimm, denn wenn man sie hat, kommt man nicht davon los.“[2]

Vielleicht fallen Ihnen aus Ihrer eigenen Schülerzeit ähnliche Situationen ein, in denen sie als Kind oder Jugendlicher das erste Mal in eine neue Klasse gekommen sind, oder Sie denken an Ihren ersten Gang als Lehrer in eine Klasse oder an Ihren täglichen Gang aus dem Lehrerzimmer in den Unterricht und umgekehrt. Vielleicht denken Sie auch an Ihre erste Begegnung mit diesem Kollegium, in dem es ja auch ältere und jüngere Kollegen gibt. Selbst hier und jetzt hat gerade etwas begonnen, was von ähnlichen Momenten der Unsicherheit gekennzeichnet sein mag: Sie alle erleben mich das erste Mal und sind voller Hoffnung oder Skepsis, was oder ob es hier etwas Gutes für Sie zu „essen“ gibt – um bei der Phantasie des Schlaraffenlandes zu bleiben.

Das Grundmuster der Angst bezieht sich in erster Linie auf Versorgungs- und elementare Sicherheitsbedürfnisse. Es kann jedes Mal dann virulent werden, wenn uns eine der eigenen frühen Erfahrungen mit der Erfüllung bzw. Nicht-Erfüllung dieser Bedürfnisse sehr ähnliche Situationen begegnet. Ich werde später zeigen, daß auch die Umgangsformen mit der entsprechenden Angst auf solche Grunderfahrungen zurückgehen. Um Ihnen zunächst jedoch zu verdeutlichen, daß diese Ängste meist in unerkannter, weil höchst verstellter Form zum Ausdruck kommen – kaum bahnt sich das Angstgefühl an, setzt auch schon der Abwehrvorgang ein –, will ich Ihnen ein Beispiel aus einer Lehrersupervision vortragen:

In der ersten Stunde einer Lehrersupervisionsgruppe, in der über schwierige Kinder mit Hilfe der Analyse von Fallszenen, d. h. besonderen Ereignissen aus dem Schulalltag, nachgedacht wird, berichtete eine Lehrerin von einem altersentsprechenden, intelligenten und lernbereiten elfjährigen Jungen. Sie habe deshalb solche Schwierigkeiten mit ihm, weil er sich aus für sie unerklärlichem Anlaß plötzlich auf den Boden werfe und wie ein Baby zu schreien beginne. Obwohl wir während der Supervisionsstunde verschiedene Versuche machten, uns einem Verständnis dieser Szene zu nähern, rückte die Lehrerin nicht von ihrer Meinung ab, daß es solch eine Diskrepanz zwischen den guten und intelligenten, kurz altersentsprechenden Anteilen einerseits und den säuglingshaften Anteilen in dem Verhalten des Jungen andererseits nicht geben dürfe. In der fünften Beratungsstunde – die Stunden finden in vierzehntägigem Rhythmus statt – berichtete sie, daß der Junge für sie kein Problem mehr darstelle, obwohl ich nicht den Eindruck hatte, daß wir Wesentliches über einen angemessenen Umgang mit ihm herausgefunden hatten. Inzwischen wurden, nicht zuletzt auch von dieser Lehrerin, Fälle vorgetragen, in denen es hauptsächlich um Autoritäts- und Machtauseinandersetzungen in der Klasse ging.

Zwei Dinge scheinen mir im Hinblick auf Anfangssituationen und die Angst bemerkenswert: Zum einen habe ich selbst das Gefühl gehabt, die Gruppe habe mir stellvertretend durch diese Lehrerin ein ungeheures Problem präsentiert, das Baby in dem Schüler, um das ich mich zu kümmern, das ich zu versorgen hätte; zum anderen aber kennzeichnet ihre Ratlosigkeit gegenüber einem solchen Verhalten eines Schülers besonders deutlich die eigene Hilflosigkeit und Angst. So drückt diese Lehrerin zugleich mit der Fallszene ihre aktuellen Gefühle in der Gruppe als „schreiender Säugling“ aus, obwohl sie doch eigentlich gut, intelligent, kurz altersentsprechend erwachsen ist und, selbst Mutter eines kleinen Kindes, eigentlich wissen müßte, was man mit einem schreienden Säugling macht. Eine direkte Frage nach ihren aktuellen Gefühlen in der Anfangssituation jedenfalls war von ihr mit bezeichnenderweise zitternden Händen abgewehrt worden: Ich habe doch keine Angst! Soweit dieses Beispiel.

Angst haben und Angstgefühle mitteilen können setzt voraus, so eigenartig das vielleicht klingen mag, die Gefühle fühlen zu können, bevor die Abwehr dagegen einsetzt, d. .h. also Angstgefühle überhaupt aushalten zu können. So kann die Selbstverleugnung des einen sein: Ich habe Angst, Angst zu haben; die des anderen: Wovor sollte ich mich fürchten? Und dennoch reagieren die Beziehungspartner auf die Angst, sei sie versteckt oder verleugnet. Sie spüren diese Angstgefühle des anderen, selbst wenn sie diesem gar nicht bewußt sind. So hat die Gruppe z.B. die Angst des Anfangs stellvertretend durch die Lehrerin in dem gemeinsamen Bild des ungeschützten Säuglings ausgedrückt. Ob es gelingt, die eigene Angst oder Unsicherheit erfolgreich zu unterdrücken oder ob man meint, gar keine Angst zu haben, können die Schüler in ihren Reaktionen spiegeln, z.B. indem sie genau das tun, was man gerade am meisten befürchtet.

Ein weiteres Grundmuster der Angst kann die erste Begegnung mit der Autorität herausbilden. Hier geht es in erster Linie um die Einigungsversuche über das, was man selbst wollte und das, was von einem verlangt wurde. Es geht um die Erwartungen der Eltern an uns. Solchen Erwartungen sind wir alle irgendwie ausgesetzt worden und sind es z.T. noch. Sie mögen uns vielleicht nicht nur manchmal unangenehm, sondern geradezu gegen unsere Lebensinteressen gerichtet vorgekommen sein. Hier meine ich vor allem Gefühle, die sich zum einen auf den Selbstwert, zum anderen auf Vermessenheitsphantasien beziehen, also etwa: Für was bin ich wert, angenommen zu werden; und: Was der kann, kann ich schon lange. So geht es in der Auseinandersetzung mit den elterlichen Autoritäten einerseits um das Wie-muß-ich-sein, um geliebt zu werden, wie auch andererseits um Versuche, den einen Elternteil gegen den anderen für sich alleine haben zu wollen.

Die Befürchtung, es nicht recht machen zu können, es nie recht gemacht zu haben und die Spannung, sich diesem Druck gegen die eigenen Lebensinteressen immer neu entgegenzustellen, mag sich für so manchen von uns in die Phantasie von Leistungsansprüchen an sich selbst gewandelt haben, die man gar nicht erfüllen kann. Wie eine solche Angst sich in der Erfahrung schulischer Beziehungen zum Drama entwickelt, möchte ich an einem weiteren Supervisionsbeispiel verdeutlichen. Zugleich enthält dieses Beispiel aber auch die ersten Hinweise auf den aktiven Umgang mit der Angst, also auf die Erscheinungsformen ihrer Kehrseite: „Ein Lehrer stellt folgende Szenenabfolge vor: ‚Etwa 10 Tage nach dem Ferienbeginn bekam ich per Post einen offiziellen Brief von meinem Rektor. Als ich ihn lese, verschlägt es mir die Sprache. Schreibt mir doch der Kerl, meine

Klassenbuchführung sei schlampig und ich solle sofort in die Schule kommen und das Klassenbuch in Ordnung bringen. Nachdem ich diesen Brief gelesen hatte, bekam ich erst einmal einen großen Schreck und dachte, was hast du bloß alles falsch gemacht. Dann packte mich eine furchtbare Wut auf diesen Kerl. Ich dachte, was fällt dem eigentlich ein, mir diesen unverschämten Brief zu schreiben. Jetzt wußte ich aber nicht, was ich tun sollte, den Schrieb einfach ignorieren und zerreißen oder hingehen und den Typ zur Rede stellen. Ein paar Tage konnte ich mich nicht entscheiden. Dann bin ich hin. Zufällig saß er in seinem Büro. Er sieht mich und ist scheißfreundlich, so als sei überhaupt nichs Bedeutendes vorgefallen. Ich bin wie gelähmt. Meine Wut ist weg. Ich habe mir das Klassenbuch geben lassen und das Ding vervollständigt. Zu Hause ist meine Wut wieder da, jetzt auch. Diese Sache läßt mir keine Ruhe. Schließlich landet der Brief noch in meiner Personalakte. Vorgestern, auf unserer ersten Konferenz, wollte ich alles zur Sprache bringen. Als ich Gelegenheit dazu gehabt hätte, habe ich mich plötzlich nicht getraut. Die Kollegen hätten mich bestimmt hängengelassen.‘ Nach dem Bericht dieses Lehrers nähern sich die Gruppenmitglieder zunächst distanziert und äußerlich affektfrei der Szene. Sie stellen Fragen, gewinnen neue Informationen. Sie füllen hierdurch einige Lücken im Bericht aus und erhellen Widersprüche. Dabei kommt neues und interessantes Material zutage. Doch die Gruppenmitglieder fangen wenig damit an. Sie zeigen ebensowenig Affekte, wie der Lehrer gegenüber seinem Rektor. Sie scheinen vorsichtig und ängstlich zu sein. Hingegen berichtet der Lehrer in der Gruppe mit einem erheblichen Affektaufwand. Er spricht schnell, korrigiert andere heftig, nutzt jede Gesprächslücke. Der Supervisor gewinnt dabei den Eindruck, daß in des Lehrers diskrepantem Verhalten zwischen seinem Affektaufwand in der Supervisionssitzung und seiner Affektlahmheit gegenüber seinem Rektor sowie der Widerspiegelung dieser Situation in der Gruppe selbst der Schlüssel zum Verständnis dieser Szene liegen muß. Der Supervisor macht nun den Lehrer auf diese Diskrepanz aufmerksam. Der Lehrer hört sich das an, stutzt und erregt sich plötzlich. Er schreit den Supervisor an: ‚Ich habe es satt, mich ewig herumkommandieren zu lassen. Das hat mein Vater mit mir genug gemacht.‘“[3] So weit dieses Beispiel und so weit zwei Grundmuster der Angst.

Es mag so aussehen, als seien solche Angstmuster neurotischer Natur, d.h. Angstmuster, die eigentlich als infantile Rekationsweisen auf die erwachsene Lebenswelt übertragen werden, also auch im Hier-und-Jetzt wirksam werden könnten. Denn auch ich stelle ja als Referent zunächst einmal ganz unabhängig von meiner Person für Sie einer Herausforderung dar, vor allem für die, denen – ob unerkannt oder bewußt – die Angst vor Autoritäten noch in den Knochen steckt. Aber allein die Tatsache, daß wir uns hier Gedanken über den Umgang mit Angst in der Schule machen, offenbart ja die Befangenheit, immer noch in dem Zwiespalt zu leben und zu arbeiten, daß man mit etwas fertigwerden muß, was man meist alleine mit sich hat herumtragen müssen, und von dem man erst einmal glaubt, daß der andere noch nicht erwachsen damit umgehen könne. Wie aber ist man bisher mit seiner Angst fertig geworden?

Dumm geboren, nichts dazugelernt und das auch noch vergessen

Angst hat, so sagt man, Signalcharakter. Und ob man nun zwischen Real-Angst, also Angst vor wirklichen Gefahren, oder neurotischer Angst, also Angst vor eingebildeten Schmerzen und Kränkungen, unterscheidet, in jedem Fal zwingt diese Angst den einzelnen, den unangenehmen Zustand, vor dem die Angst warnt, zu vermeiden oder abzuschaffen. Am unangenehmsten sind sicherlich Gefühle existentieller Bedrohung, größter Hilflosigkeit und höchster Ohnmacht. Damit sind wir wieder auf die ersten Erfahrungen dieser Art verwiesen, in denen Grundmuster der Angstabwehr herausgebildet werden: auf die früheste Kindheit. Hier können Ohnmacht und Hilflosigkeit am stärksten erlebt werden. Es gibt keine realen Mittel, sich selbst vor Kälte, Hunger oder Einsamkeit zu schützen. Wir kennen alle die Signale, die solchen Gefühlen vorausgehen: das erste mahnende, das ängstliche Schreien, das wütende, das verzweifelte Schreien und schließlich vielleicht die Stille, wenn das Kind endlich „kapiert" hat, daß es mit dem Füttern erst in einer halben Stunde dran ist. Die Angst, nicht satt zu werden, nicht genug zu bekommen, die wir selbst als Erwachsene noch ganz gut kennen, hat aber ihre Kehrseite, nämlich die Wut darüber, daß nicht genug da war oder daß es nichts zur rechten Zeit gab.

Das subjektive Grundmuster jedes einzelnen, mit einer solchen Angst umzugehen, hat sich wahrscheinlich danach bestimmt, welche Äußerungsformen oder Reaktionen jeweils erlaubt waren. Genauso wie das Angst-Haben ist nämlich auch das Wütend-gegen-seine-Erzieher-Sein in der Regel verpönt, ja es wird in unseren Schichten geradezu mit aller Macht sanktioniert. Wir kennen jedoch aus den Erfahrungen mit randständiger Sozialisation die ungeheure Wut der Kinder, wenn sie in eine Situation geraten, die ihrer ersten Verlassenheit als Säugling sehr ähnlich ist. So schildert Aloys Leber eine Situation, in der Studenten eine Kindergruppe betreuten, deren hauptamtliche Bezugsperson abwesend war. Die Kinder waren in ganz überraschender Weise scheinbar ohne ersichtlichen Grund äußerst aggressiv und hatten die Studenten körperlich angegriffen. Vorher hatten sich die Kinder eine Hütte mit Stühlen und Decken gebaut, in der sie zufrieden spielten. Leber schreibt: „Es stellte sich heraus, daß es zu dem erwähnten Aggressionsausbruch kam, als aufgeräumt wurde und auch die Kinder ihre Hütte abbauen mußten. Während die Erwachsenen dies kaum beachteten, waren die Kinder gezwungen, etwas für sie in diesem Augenblick ungeheuer Wichtigs zu zerstören, das ihnen half, die für sie frustrierende und schwer zu ertragende Abwesenheit der vertrauten Person zu bewältigen. Mit dem Abbruch der Hütte waren sie wieder ihrem Gefühl der Verlassenheit und damit der Ohnmacht ausgeliefert. Sie gerieten darüber in unbändige Wut und griffen die Betreuer aus Rache und mit der Intention an, ihnen die Behausung wieder herzustellen.“[4]

Solche Wutformen sind uns vielleicht sehr fremd. Unsere Agressionen sind gesittet, allerdings nicht weniger wirkungsvoll, wenn Sie z.B. an subtile Kränkungen denken, die Ihnen Kollegen beibringen können. Aloys Leber schreibt zum Umgang mit Angst und Wut in der bürgerlichen Sozialisation: „Für gestörte ‚bürgerliche‘ Kinder heißt dies, daß sie mit Dummheit oder Krankheit Eltern und Lehrer auf eine unangreifbare Weise angreifen. Für sie ist Schulversagen und Krankheit ein Ersatz für eine offene und Mut fordernde Auseinandersetzung mit Eltern und Lehrern, aber auch das Eingeständnis erfahrener Kränkung und der Reaktion unbändiger Wut. Man kann es sich nicht leisten, als schlimmes, böses Kind verachtet, verstoßen und bestraft zu werden. Schulversagen ist damit oft ein unbewußter, aus der Hilflosigkeit des Kindes erwachsender Versuch, Wut und

Rache verschleiert zum Ausdruck zu bringen. Dabei darf das Ziel nicht erreicht werden, sondern Herabsetzung und Strafe werden in der Wendung auf sich selbst vom Kind schon vorweggenommen."[5]

Die Angst, sich nicht angemessen schützen oder durchsetzen zu können, ist sicherlich immer den Einflüssen unterworfen, die darüber bestimmen, wie die Ängste artikuliert werden dürfen. Die gesamte Erziehung im Kindesalter, ja selbst noch unsere Erfahrungen als Erwachsene, wirken auf die Umgangsformen ein und haben uns, wie wir heute hier sitzen, mehr schlecht als recht zu dem werden lassen, was wir jetzt sind. Und wie unterschiedlich dies ausgehen kann, können Sie an den vielen unterschiedlichen Ängsten im Alltag ermessen. Allerdings gibt es wohl etwas, was Sie vielleicht auch oder gerade darin verbindet: die Gemeinsamkeit der Wahl eines bestimmten Berufes, den Sie als Schüler in Ihnen bereits bekannten Grundstrukturen kennengelernt haben. Horst Brück zitiert in diesem Zusammenhang die Lehrerin Frau C.: „Das ist eigentlich komisch, ja?! Wir hatten ja das letzte Mal den Ansatz, daß es unbedingt notwendig sei, Unsicherheiten vor den Schülern zu verbergen, ja? Aber wenn ich mir heute überlege, welche Lehrer damit wohl heftige Schwierigkeiten hatten und sehr unsicher waren? – Das waren eigentlich die, vor denen ich am meisten Angst hatte."[6]

Wer hat Angst vorm Schwarzen Mann?

Angst in der Schule habe ich als Angst in den unmittelbaren Beziehungen zu verstehen versucht, nämlich als Angst vor bestimmten Personen. Und so wie in der häuslichen Erziehung vom Kind erwartet wird, daß Angst vor elterlicher Strafe zum gewünschten Verhalten führt, operiert man auch in der Schule als Person tendenziell mit Angst als Erziehungsmittel. Nun sind die Bedingungen, unter denen Lehrer und Schüler zusammenarbeiten, allen ja hinlänglich bekannt. Man kann sich also auf diese Beziehungsmuster vorbereiten, man kann seine Tricks entwickeln, wie man mit diesen Beziehungsmustern leben kann. Und es gibt nicht wenige, die davon sprechen, daß man in der Schule als erstes, sogar als wichtigstes lernt, mit solchen Beziehungsmustern fertig zu werden.

Ich vermute, daß die meisten Lehrer und sicherlich Sie alle

versuchen, Ihre Beziehungen zu Ihren Schülern möglichst angstfrei zu gestalten, ja daß einige vielleicht darunter leiden, in solchen Strukturen unterrichten zu müssen, die mit Angst die einen dumm machen und die anderen zu Höchstleistungen anspornen. Dennoch ist für uns alle die Verführung groß, uns auf diesen Beziehungsmechanismus der Angst von oben nach unten einzulassen, steckt in uns allen doch die Erfahrung, daß es, um welchen Preis auch immer, bei uns irgendwie ja funktioniert hat: Wir sind ja etwas geworden!

Diese Spannung zwischen der Verlockung, sich auf Angstmache einzulassen und zugleich vor dem bösen Lehrer *in sich* Angst zu haben, möchte ich an der sehr offenen Schilderung eines Lehrers zeigen. Er beschreibt diese Gefühlsmischung in dem Konflikt mit einem ihn unaufhörlich nervenden Schüler. Einen Ausweg sieht er nur in der Drohung mit dem Direktor: „Ich rufe den Schulleiter an, teile ihm mit, was vorgefallen ist und erwirke einen Gesprächstermin für die darauf folgende große Pause. Ich selbst weiß, daß dies eine Theaterinszenierung ist, die im Moment nur darauf abzielt, Mathias aus seinem obwaltenden Bewußtseinszustand zu ziehen, die aber weiter keine schmerzlichen Folgen für ihn haben soll. Als Mathias jedoch auf dem Weg zurück zur Klasse einige Tränen über die Wangen kullern, merke ich, daß er das Ganze wohl gar nicht als Theater, sondern als etwas ihn durchaus Ängstigendes erlebt. Ich will aber nicht durch gütliches Zureden den ganzen ursprünglich beabsichtigten Effekt wieder verpuffen lassen."[7]

Wir haben mehr oder weniger alle Angst vor dem, was uns durch andere passieren könnte: die Schüler vor ihren Lehrern, die Lehrer vor ihren Schülern, vor ihrem Direktor, der Direktor vor seinem Vorgesetzten, die Vorgesetzten vor der politischen Lage usw. Aber wir tun uns unendlich schwer damit, jemand zu sein, der Angst macht, der mit dem Angst-Machen andere quält, der böse ist. Wir tendieren alle mehr oder weniger dazu, die Ursachen für alles mögliche, was nicht richtig laufen will, in den anderen zu sehen, die anderen für das Unangenehme verantwortlich zu machen, die Kollegen, die Schüler, den Rektor, die Schulaufsicht, die politischen Verhältnisse, die Eltern usw. Aber uns selbst sehen wir zumeist in der aufrichtigen Bemühung, gut zu sein, gerecht zu sein, aufrichtig zu sein. Sich einzugestehen, man sei auch böse, man selbst sei der Schwarze Mann, mit dem man uns in unserer Kindheit gedroht hat, das ist unendlich schwer. Die Anklage verläuft eigentlich bei uns immer noch von unten nach oben: Immer der Nächsthöhere ist der, dem man die Macht anphantasiert, Angst *machen* zu können. Daß man selbst diesem Höheren Angst machen könnte, sowie man vielleicht auch manchmal Angst vor seinen Schülern hat, ist sehr schwer einzusehen: Schließlich hat der Nächsthöhere ja wirklich die Macht, ist man ja wirklich von ihm abhgängig, führt die aggressive Strategie, mit seiner Angst fertig zu werden, ja meist wirklich zu größerer Disziplinierung und damit noch zu größerer Angst und Wut.

In diesem Sinne bietet die Schule gerade in ihren ritualisierten Umgangsformen ganz gute Möglichkeiten, sich gegen allzuviel Unsicherheit zu schützen, Möglichkeiten, wie sie auch diese Konferenz scheinbar paradoxerweise am Ende des Schuljahres darstellt: Man braucht unmittelbar erst einmal keine „schlimmen" Konsequenzen aus dieser Konferenz zu fürchten, das Schuljahr ist vorbei. Und die Ferien sind lang!

Ich will nun mein Referat an der Stelle beenden, an der, wie ich meine, deutlich werden könnte, daß in diesen ritualisierten Beziehungsformen allein nur schwerlich ein Ausweg gefunden werden kann, mit seiner Angst, aber auch mit seiner Schuld an der Angst der anderen leben und arbeiten zu können. Vielleicht aber bietet eine solche pädagogische Konferenz ja die Möglichkeit, einen ersten Ausbruch über die eigenen Erfahrungen hier an dieser Schule zu versuchen. Deshalb höre ich jetzt auf, von und über fremde Menschen zu erzählen, die Angst in der Schule hatten und komme zu uns selbst. Wir befinden uns hier in der Schule. Was ist also mit unserer Angst? Haben wir jetzt den Mut, uns darüber zu verständigen und die Hoffnung, daß Zeit und Ferien nicht einfach Gras über die damit verbundenen Probleme wachsen lassen? Ich jedenfalls danke Ihnen für Ihre Aufmerksamkeit und bin bereit für Ihre Fragen und Äußerungen.

Anmerkungen

Einleitung

1 „Im ‚Jahr des Friedens' wurde in 37 Kriegen getötet", Frankfurter Rundschau vom 31.12.86, S. 10

2 Vgl. Beiderwieden, Jens/Windaus, Eberhard/Wolff, Reinhart: Jenseits der Gewalt. Hilfen für mißhandelte Kinder, Frankfurt 1986

3 Es ist dies eine Erfahrung, die dem Konzept psychoanalytisch orientierter Supervision zugrunde liegt; vgl. Conrad, Gabriele/Pühl, Harald: Teamsupervision. Gruppenkonflikte erkennen und lösen, Berlin 1983

4 Erstveröffentlichungen einzelner Beiträge dieses Bandes: Kinder und Krieg, in: Theorie und Praxis der Sozialpädagogik 6/1983, S. 294–298; Friedenserziehung in der Grundschule. Was Kinder von uns und wir von Kindern lernen können, in: Demokratische Erziehung 2/1984, S. 10–11; Jeden Morgen dasselbe Theater mit Alex, in: Theorie und Praxis der Sozialpädagogik 3/1984, S. 163–165; Unter Ausschluß der Öffentlichkeit. Zum Thema Kindesmißhandlung, in: Sozialpädagogische Blätter 6/1984, S. 161–165; Kinder in uns und um uns. Verstrickungen zwischen Kindern und Pädagogen, in: Welt des Kindes 1/1985, S. 60–66; Mit den Wölfen heulen – Pubertätsriten am Beispiel von Horror- und Gewaltvideos, in: Büttner, C./Ende, A. (Hg.): Jahrbuch der Kindheit. Kinderleben in Geschichte und Gegenwart (Bd. 2), Weinheim 1985, S. 129–140; Lehrerautorität. Zur Bearbeitung von Macht- und Abhängigkeitsphantasien in Lehrerfortbildungsseminaren, in: Gruppenpsychotherapie und Gruppendynamik 2/1985, S. 136–146; Niemand spielt mit Tanja – Außenseiterkonzepte und pädagogische Fragen, in: Theorie und Praxis der Sozialpädagogik 1/1986, S. 3–7; Vertragen und nicht schlagen. Zur Vorbeugung von Gewalt im Kindergarten, in: ajs-Informationen 4/1986, S. 1–3; He-Man, Skeletor und die Herren des Universums, in: Theorie und Praxis der Sozialpädagogik 3/1987, S. 153–156; Wut und Haß machen Angst. Über Gewalt im Kindergarten, in: Welt des Kindes 4/1987, S. 278–284.

5 Frankfurter Arbeitskreis für Psychoanalytische Pädagogik e. V. (FAPP), Leipziger Straße 10, 6000 Frankfurt 90. Der FAPP bietet eine psychoana-

lytisch-pädagogische Weiterbildung sowie Fortbildungsveranstaltungen in Zusammenarbeit mit Erwachsenenbildungsträgern an. Außerdem veranstaltet er Fachtagungen zu speziellen Themen aus pädagogischen Arbeitsfeldern.

Die Rache der Gequälten

1 Frankfurter Rundschau vom 23.8.1984, S. 13
2 Vgl. z.B. Michael-Sebastian Honig: Verhäuslichte Gewalt, Frankfurt 1986; Christian Büttner, Hans Nicklas u.a.: Wenn Liebe zuschlägt, München 1984
3 Lloyd deMause (Hrsg.): Hört Ihr die Kinder weinen, Frankfurt 1980
4 Ebd., S. 26
5 Vgl. Chaim F. Shatan: Kriegskinder, in: Christian Büttner/Aurel Ende (Hrsg.): Jahrbuch der Kindheit (Band 1), Weinheim 1984
6 Vgl. Alice Miller: Am Anfang war Erziehung, Frankfurt 1980
7 Vgl. Christa Rohde-Dachser: Zur Dynamik von Schuldzuschreibungen im therapeutischen Feld (Vortrag auf dem 10. DAGG-Kongreß vom 29.9.–2.0.1983 in Frankfurt)
8 Fritz Zorn: Mars, München 1977, S. 25
9 Vgl. Helm Stierlin: Eltern und Kinder, Frankfurt 1980
10 Vgl. Aloys Leber: Rückzug oder Rache, in: Jahrbuch der Psychoanalyse, Bern 1976
11 Frankfurter Rundschau vom 23.8.1984, S. 12
12 Vgl. z.B. Marie Cardinal: Schattenmund
13 Vgl. Siegfried Bernfeld: Sisyphos oder die Grenzen der Erziehung, Frankfurt 1973, S. 141
14 Vgl. z.B. die Fallstudie von Peter Scheuermann: Hospitalismus und Dissozialität, in: Aloys Leber u.a.: Reproduktion der frühen Erfahrung, Frankfurt 1983
15 Eckhard Sperling u.a.: Die Mehrgenerationen-Familientherapie, Göttingen 1982
16 Jürg Jegge: Dummheit ist lernbar, Bern 1976
17 Vgl. Hans-Georg Trescher: Magie und Empathie, in: Christian Büttner (Hrsg.): Zauber, Magie und Rituale, München 1985, S. 50
18 Regina Clos: Delinquenz – ein Zeichen von Hoffnung, Frankfurt 1982, S. 124
19 Ebd., S. 135

Familienerziehung – Institutionelle Erziehung

1 Erdheim, Mario: Die Gruppe im Spannungsfeld zwischen Sozialisation und Nachsozialisation, in: Leber, A./Trescher, H.-G./Büttner, Ch. (Hrsg.): Die Bedeutung der Gruppe für die Sozialisation. Kindheit und Familie, Göttingen 1985, S. 21
2 Vgl. Heinsohn, Gunnar: Das ‚Apriori' von Kindheit, in: Kindheit 4/1980, S. 301–324
3 Vgl. Ostner, Ilona: Mütterlichkeit – eine Qualifikation für Erzieherinnen?, in: TPS 4/1986, S. 170–172
4 aufgeschrieben von M. Mühlenberg, Offenbach
5 Erdheim, a. a. O., S. 23

Liebe ohne Aggression?

1 Mitchell, Margaret: Vom Winde verweht: „Gone with the wind", Düsseldorf o. J.
2 Erdheim, Mario: „Psychoanalyse für Gesunde", in: Hans-Jürgen Heinrichs (Hrsg.): Das Fremde verstehen. Gespräche über Alltag, Normalität und Anormalität, Frankfurt 1982, S. 13
3 Mead, Margaret: Jugend und Sexualität in primitiven Gesellschaften. Band 1: Kindheit und Jugend in Samoa, München 1981, S. 41
4 Freeman, Derek: Liebe ohne Aggression. Margaret Meads Legende von der Friedfertigkeit der Naturvölker, München 1983, S. 104
5 ders., a. a. O., S. 274
6 ders., a. a. O., S. 322
7 Itard, Jean: Gutachten und Bericht über Victor von Aveyron, in: Lucien Malson/Jean Itard/Octave Mannoni: Die wilden Kinder, Frankfurt 1972, S. 186
8 Malson, Lucien u. a.: Die wilden Kinder, Frankfurt 1972, S. 204
9 Leber, Aloys: Der Wilde von Aveyron und sein Lehrer, in: Kindheit 1/1981, S. 34
10 Badinter, Elisabeth: Die Mutterliebe. Geschichte eines Gefühls vom 17. Jhdt. bis heute, München 1981, S. 32
11 dies., a. a. O., S. 13
12 dies., a. a. O., S. 228
13 Fromm, Erich: Die Kunst des Liebens, Frankfurt 1980, S. 11
14 ders., a. a. O., S. 31
15 ders., a. a. O., S. 114f.
16 Kast, Verena: Paare. Beziehungsphantasien oder wie Götter sich in Menschen spiegeln, Stuttgart 1984, S. 20f.
17 Müller, Klaus E.: Die bessere und die schlechtere Hälfte. Ethnologie des Geschlechterkonflikts, Frankfurt 1984, S. 102

18 Bettelheim, Bruno: Die symbolischen Wunden. Pubertätsriten und der Neid des Mannes, Frankfurt 1982, S. 74f.
19 Heinsohn, Gunnar /Steiger, Otto: Die Vernichtung der weisen Frauen, Herbstein 1985
20 Stephan, Cora: Mit Entsetzen. Scherz, in: Renate Kahle/Heiner Menzner/Gerhard Vinnai (Hrsg.): Haß. Die Macht eines unerwünschten Gefühls, Reinbek 1985, S. 40f.
21 Broyelle, Claudie: Die Hälfte des Himmels. Frauenemanzipation und Kindererziehung in China, Berlin 1973

Phantasie und Realität

1 Vgl. Dorsch, Friedrich: Psychologisches Wörterbuch, Stuttgart 1982
2 Vgl. Berger, Peter L./Luckmann, Thomas: Die gesellschaftliche Konstruktion der Wirklichkeit, Frankfurt 1980
3 Vgl. Roberts, Jane: Gespräche mit Seth, Genf 1980
4 Vgl. Büttner, Christian (Hrsg.): Zauber, Magie und Rituale, München 1985
5 Vgl. Freud, Sigmund: Der Dichter und das Phantasieren (1908), GW VII.
6 ders.: Die Traumdeutung (1900), GW II–III.
7 Vgl. Büttner, Christian/Trescher, Hans-Georg: Neues Spiel – neues Glück. Über Videospieler und Groschengräber, in: Büttner/Trescher (Hrsg.): Adieu Alltag, München 1986
8 Vgl. Eckstaedt, Anita/Klüwer, Rolf: Zeit allein heilt keine Wunden, Frankfurt 1980
9 Vgl. Leber, Aloys u. a. (Hrsg.): Reproduktion der frühen Erfahrung, Frankfurt 1983
10 Vgl. Bettelheim, Bruno: Die symbolischen Wunden. Pubertätsriten und der Neid des Mannes, Frankfurt 1982
11 Vgl. Nicklas, Hans/Ostermann, Änne: „Opfer" und „Täter" familiärer Gewalt, in: Büttner, C. u. a.: Gewalt in der Familie, München 1984
12 Vgl. Leber, a. a. O.
13 Vgl. Leuner, Hanscarl: Katathymes Bilderleben, Bern 1982
14 Vgl. Nicklas, Hans/Ostermann, Änne: Vorurteile und Feindbilder, München 1976
15 Vgl. Freud, Anna: Das Ich und die Abwehrmechanismen, München o. J.
16 Vgl. deMause, Lloyd: Ronbo-Reagan in Kriegs-Trance, in: psychologie heute 11/1986, S. 46–53
vgl. ders.: Reagans Amerika: Eine psychohistorische Studie, Basel 1984
17 Vgl. Windaus, Eberhard: Strafe und Zivilisationsprozeß, in: Büttner, C./ Ende, A. (Hrsg.): Die Rebellion der Mädchen, Jahrbuch der Kindheit Bd. 3, Weinheim 1986

18 Vgl. deMause, Lloyd: Psychohistory, in: Kindheit 1/1979, S. 51–71
19 Vgl. Jung, Carl Gustav: Grundwerk, Bd. 2: Archetyp und Unbewußtes, Olten 1984
20 Vgl. Büttner, Christian: He-Man, Skeletor und die Herren des Universums, in: Theorie und Praxis der Sozialpädagogik 2/1987
21 Vgl. Orban, Peter: Die Reise des Helden, München 1983
22 Vgl. Trescher, Hans-Georg: Aspekte der Lebenswelt und des Fernsehkonsums von Kindern, in: Kinder, Bücher, Medien 20/1982, S. 13–15
23 Vgl. ders.: Narzißmus und Comic – Arachaische Seelentätigkeit und die Comics der Superhelden, in: Kindheit 1/1979, S. 87–104
24 Vgl. Elschenbroich, Donata: Spielen und Spielzeug, in: Kursbuch 34, Berlin 1973

He-Man, Skeletor und die Herren des Universums

1 Vgl. Mallet, Carl-Heinz: Kopf ab! Gewalt in Märchen, Hamburg 1985
2 Büttner, Christian (Hrsg.): Zauber, Magie und Rituale. Pädagogische Botschaften in Märchen und Mythen, München 1985
3 aus dem Vorspann der He-Man-Videofilme
4 Bettelheim, Bruno: Kinder brauchen Märchen, Stuttgart 1977
5 Trescher, Hans-Georg: Aspekte der Lebenswelt und des Fernsehkonsums von Kindern, in: Kinder, Bücher, Medien 20/1982, S. 13–15
6 Bettelheim, a. a. O., S. 9
7 ders., a. a. O., S. 12

Horror- und Gewaltvideos

1 Vgl. Erikson, Erik H.: Die Ontogenese der Ritualisierung, in: Psyche 22/1986, S. 481–501
2 Vgl. Shatan, Chaim F.: Die trauernde Seele des Soldaten, in: Steinweg, R. (Red.): Unsere Bundeswehr?, Frankfurt 1981
3 Vgl. Leber, Aloys: Rückzug oder Rache, in: Jahrbuch der Psychoanalyse, Bern 1976
4 Vgl. Rogge, Jan Uwe: Heidi, PacMan und die Video-Zombies, Reinbek 1985, S. 118
5 Vgl. Schorsch, Eberhard/Becker, Nikolaus: Angst, Lust, Zerstörung, Reinbek 1977, S. 83, 102, 115, 214
6 Vgl. Stierlin, Helm: Eltern und Kinder, Frankfurt 1975
7 Vgl. Wirth, Hans-Jürgen: Die Adoleszenz als Chance für das Individuum, Familie und Kultur, in: psychosozial 8/1985, S. 96–117
8 Vgl. Brocher, Tobias: Aufstand gegen die Tradition, Stuttgart 1972, S. 86

9 Vgl. Bettelheim, Bruno: Die symbolischen Wunden, Frankfurt 1982, S. 33

10 Vgl. ders., a. a. O., S. 34

11 Vgl. Devereux, George: Angst und Methode in den Verhaltenswissenschaften, Frankfurt 1976, S. 73

12 Vgl. ders., a. a. O., S. 76

13 Vgl. Theweleit, Klaus: Männerphantasien (Bd.2), Reinbek 1980

14 Vgl. Lidz, Theodore: Das menschliche Leben, Frankfurt 1968, S. 436

15 Vgl. Fromm, Erich: Märchen, Mythen, Träume, Reinbek 1983

16 Vgl. Niethammer, Carol: Töchter der Erde, Bornheim-Merten 1985, S. 68f.

17 Vgl. Neumann, Erich: Die große Mutter, Olten 1974, S. 45

18 Vgl. Müller, Klaus E.: Die bessere und die schlechtere Hälfte, Frankfurt 1984, S. 336

19 Vgl. Büttner, Christian: Horror- und Gewaltvideos als Medium pubertärer Riten (Forschungsbericht der Hessischen Stiftung Friedens- und Konfliktforschung, Frankfurt 1985, S. 37)

20 Vgl. Bruder, Almut/Bruder, Klaus-Jürgen: Jugend, München 1984, S. 67

21 Vgl. Bauer, Wolfgang u. a.: Lexikon der Symbole, Gütersloh o. J., S. 69; vgl. auch Neumann, a. a. O., S. 173

22 Vgl. Steiniger, Fritz: Rattenbiologie und Rattenbekämpfung, Stuttgart 1952, S. 1f.

23 Vgl. Eibl-Eibesfeldt, Irenäus u. a.: Grzimeks Tierleben, München 1969, S. 209

24 Vgl. Heinsohn, Gunnar/Steiger, Otto: Die Vernichtung der weisen Frauen, in: Schröder, J. (Hrsg.): Mammut, Herbstein 1984, S. 509; vgl. auch Shuttle, Penelope/Redgrove, Peter: Die weise Wunde Menstruation, Frankfurt 1983, S. 211ff.

25 Vgl. Jung, Carl Gustav: Grundwerk (Bd. 2: Archetyp und Unbewußtes), Olten 1984, S. 93

26 Vgl. Erdheim, Mario: Die gesellschaftliche Produktion von Unbewußtheit, Frankfurt 1984

Videokriegsspiele

1 Vgl. Kaufmann, Heinz: Die Militarisierung des Kindes, in: Oberfeldt, C. u. a. (Hrsg.): Zwischen Utopie und heiler Welt, Frankfurt 1978, S. 253–303

2 Vgl. Büttner, Christian/Trescher, Hans-Georg: Wenn nur der Feind erst vernichtet ist..., in: psychologie heute 1/1983, S. 72–75

3 Vgl. Rogge, Jan Uwe: Über Abneigung und Faszination von Horrorfilmen, in: medien und erziehung 5/1984, S. 258–269; vgl. auch ders.: Heidi, PacMan und die Video-Zombies, Reinbek 1985

4 Vgl. Selg, Herbert: Gutachten über die Wirkung von Video-Automatenspielen auf Kinder und Jugendliche, Bamberg 1983 (Manuskript), S. 34
5 Vgl. Miller, Alice: Am Anfang war Erziehung, Frankfurt 1980
6 Vgl. Johnsson-Smaragdi, Ulla: Fernsehgewohnheiten und Sozialverhalten Jugendlicher, in: Büttner, C./Ende, A. (Hrsg.): Jahrbuch der Kindheit Bd. 2, Weinheim 1985, S. 69–82
7 Vgl. Kunczik, Michael: Brutalität aus zweiter Hand, Köln 1978; ders.: Gewalt im Fernsehen, in: medien und erziehung 6/1982, S. 332–338; vgl. auch Schorb, Bernd: Mit dem Joy-Stick in die Computerzukunft, in: medien und erziehung 4/1983, S. 194–205; Büttner, C.: Kinder und Krieg, Frankfurt 1984
8 Vgl. Haake, Rainer: KINDER KINDER – wie „trifft" man Fernsehzuschauer?, in: Büttner, C./Ende, A. (Hrsg.): Gefördert und mißhandelt (Jahrbuch der Kindheit Bd. 4), Weinheim 1987
9 Vgl. Leber, Aloys: Rückzug oder Rache, in: Jahrbuch der Psychoanalyse, Bern 1976
10 Vgl. Mitscherlich, Alexander: Die Idee des Friedens und die menschliche Aggressivität, Frankfurt 1969
11 Vgl. Winnicott, Donald W.: Von der Kinderheilkunde zur Psychoanalyse, München 1976, S. 86
12 Vgl. Clos, Regina: Delinquenz – ein Zeichen von Hoffnung?, Frankfurt 1982
13 Vgl. Windaus, Eberhard: Strafe und Zivilisationsprozeß, in: Büttner, C./Ende, A. (Hrsg.): Die Rebellion der Mädchen, Jahrbuch der Kindheit Bd. 3, Weinheim 1986
14 Bauriedl, Thea: Weltraumrüstung, ein Symptom des kollektiven Größenwahns, in: Mediatus 1/1986, S. 10–14
15 Vgl. dies., a. a. O., S. 12
16 Vgl. Büttner, Christian/Volmerg, Ute: Apocalypse now. Friedenspolitische Argumente in der Bewährungsprobe, in: Steinweg, R. (Hrsg.): Die neue Friedensbewegung (Fa 16), Frankfurt 1983

Kinder und Krieg

1 Burlingham, Dorothy/Freud, Anna: Heimatlose Kinder, Stuttgart 1971, S. 26
2 Dieser und die folgenden Abschnitte aus Schüleraufsätzen sind meinem Buch „Kriegängste bei Kindern", München 1982, entnommen.

Vertragen und nicht schlagen

1 Ulrike Koester: Was kann ich denn mal spielen?, in: Büttner, Christian (Hrsg.): Spielerfahrungen mit Schülern, München 1981
2 Benita Daublebsky: Spielen in der Schule, Stuttgart 1980
3 Christian Büttner: Zahlenspiele, in: Gruppe und Spiel, 1/1986, S. 34–43
4 Den Spielern steht Material für eine Collage zur Verfügung. Jeder soll eine Dokumentation über sich anfertigen mit den Informationen, die er der Gruppe mitteilen will. Anschließend werden die Dokumentationen aufgehängt, und der Austausch über die Collagen kann beginnen.
5 Die Gruppe bildet 5–7 Personen starke Untergruppen. Eine Laufbahn wird hergerichtet, und die Gruppen beginnen einen lustigen Wettlauf – mit möglichst wenigen Gliedern den Boden berührend. Es kommt darauf an, besonders originelle Möglichkeiten zu finden. Der Spielleiter sollte darauf achten, daß es nicht so sehr auf Schnelligkeit ankommt.
6 Ders.: Krieg in der Kindergruppe, in: Theorie und Praxis der Sozialpädagogik, 5/1982, S. 283–289

Friedenserziehung in der Schule

1 Pax christi (Hrsg.): Spiel Frieden – nicht Krieg, Frankfurt 1977, S. 1
2 Shatan, Chaim F.: Kriegskinder, in: Büttner, C./Ende, A. (Hrsg.): Jahrbuch der Kindheit Bd. 1, Weinheim 1984
3 Zehrfeld, K.: Detailuntersuchung zur Sprach- und Lernförderung bildungsbenachteiligter Schüler durch eine besondere Gestaltung von Kleingruppenarbeit in projektorientierten Lernformen, Wiesbaden 1980 (unveröffentl. Manuskript)

Spiel in der Friedenserziehung

1 Vgl. Krappmann, Lothar/Hopf, Diether: Spiele und Spielerisches in der Grundschule, in: Die Grundschule 8/1979, S. 326–330
2 Nicklas, Hans/Ostermann, Änne: Zur Friedensfähigkeit erziehen, München 1976
3 Büttner, Christian: Spiele gegen Streit, Angst und Not, Waldkirch 1981
4 Vgl. Becker, A./Conolly-Smith, Elisabeth: Du-Ich-Wir, Ravensburg 1975; Hielscher, Hans (Hrsg.): Sozialerziehung konkret, Hannover 1977
5 Retter, Hein: Kooperative Spiele und prosoziales Verhalten, in: Spielmittel 3/1985, S. 77
6 Vgl. Rutschky, Katharina: Schwarze Pädagogik, Frankfurt 1977; Miller, Alice: Am Anfang war Erziehung, Frankfurt 1980

7 Deacove, Jim: Kooperative Kinderspiele, Ettlingen 1979
8 Krappmann/Hopf, a. a. O.
9 Daublebsky, Benita/Calliess, Elke/Hopf, Diether/Krappmann, Lothar/ Petry, C.: Spielen in der Schule. Materialien zum Training von Spielleitern (Hrsg.: FWU), München 1976
10 Giere, Walter: Politische Dimensionen gruppendynamischer Lernverfahren, in: Geißler, Karlheinz (Hrsg.): Gruppendynamik für Lehrer, Reinbek 1979, S. 110f.
11 Heinsohn, Gunnar: Das ‚a priori' von Kindheit, in: Kindheit 4/1980, S. 320
12 Baer, Ulrich/Thole, Werner (Hrsg.): Kooperatives Verhalten im Spiel, Remscheid 1985, S. 94
13 Büttner, Christian: Kinder und Krieg, Frankfurt 1984
14 ders., a. a. O., S. 56
15 Vgl. Fatke, Reinhold: Heilende und erziehende Kräfte in der kindlichen Phantasie, in: Spiel, W. (Hrsg.): Die Psychologie des 20. Jahrhunderts (Bd. XII), Zürich 1980
16 Rambert, Marie Luise: Das Puppenspiel in der Kinderpsychotherapie, München 1969
17 Leber, Aloys u. a. (Hrsg.): Reproduktion der frühen Erfahrung, Frankfurt 1983, S. 118
18 Kästel, Ingrid: Auf Kinder hören – von Kindern lernen, Frankfurt 1982, S. 45
19 Koester, Ulrike: Was kann ich denn mal spielen?, in: Büttner, Christian (Hrsg.): Spielerfahrungen mit Schülern, München 1981, S. 26
20 Vgl. Winnicott, Donald W.: Reifungsprozesse und fördernde Umwelt, München 1974
21 Brück, Horst: Die Angst des Lehrers vor seinem Schüler, Reinbek 1978

Kinder in uns und um uns

1 aus: Schenk Susanne: Kinderportraits, in: Junker Helmut: Konfliktberatung in der Schule, München 1976, S. 144–154
2 aus: Büttner Christian/Nicklas, Hans/Ostermann, Änne/Orban-Plasa, Margit/Volmerg, Ute: Gewalt in der Familie, München 1984, S. 86–89
3 Vgl. Leber Aloys et al.: Reproduktion der frühen Erfahrung, Frankfurt 1983
4 Brost, Elsbe: Versteckte Hilferufe, in: Büttner, Christian/Ende, Aurel (Hrsg.), Jahrbuch der Kindheit Bd. 1, Weinheim 1984, S. 89f.
5 ebd., S. 90
6 Brück, Horst: Über den Umgang mit mißlungener Erziehung – die Kindheit des Pädagogen, in: Kindheit 4/1979, S. 311–320
7 Bernfeld, Siegfried: Sisyphos oder die Grenzen der Erziehung, Frankfurt 1973, S. 141

8 aus: Büttner, Christian: Die Angst der Kinder vor ihren Beschützern oder Skepsis gegen Friedenserziehung als Programm, in: Steinweg, Reiner (Red.): Vom Krieg der Erwachsenen gegen die Kinder. Möglichkeiten der Friedenserziehung, Frankfurt 1984, S. 45

9 Vgl. Münch, Winfried: Supervision von Lehrergruppen, in: Geißler, Karlheinz A. (Hrsg.): Gruppendynamik für Lehrer, Reinbek 1979, S. 145–182

10 Vgl. Eckstaedt, Anita/Klüwer, Rolf: Zeit allein heilt keine Wunden, Frankfurt 1980

Lehrerautorität

1 Fürstenau, Peter: Zur Psychoanalyse der Schule als Institution, in: Das Argument 1/1964 (1971^6). S. 65–78

2 Geißler, Karlheinz: Gruppendynamik in der Lehrerbildung, in: Geißler, Kh. (Hrsg.): Gruppendynamik für Lehrer, Reinbek 1979, S. 16

3 Slater, Philipp. E.: Mikrokosmos – Eine Studie über Gruppendynamik, Frankfurt 1970, S. 81ff.

4 Koester, Ulrike: Bericht über das Seminar „Liebe, Angst, Aggressionen" vom 2.–7.5.1983 in Falkenstein, unveröffentlichtes Manuskript (Hess. Landeszentrale für pol. Bildung, Wiesbaden), S. 11

5 Sandner, Dieter: Psychodynamik in Kleingruppen, München 1978, S. 60/175

6 Giere, Walter: Der Trainer und die Macht, in: Bachmann, C.H. (Hrsg.): Kritik der Gruppendynamik. Grenzen und Möglichkeiten sozialen Lernens, Frankfurt 1981, S. 161/163/167

7 Münch, Winfried: Supervision von Lehrergruppen, in: Koester, U./Büttner, C. (Hrsg.): Liebe und Haß im Unterricht, Weinheim 1981, S. 130ff.

8 Vgl. Brück, Horst: Über den Umgang mit mißlungener Erziehung – die Kindheit des Pädagogen, in: Kindheit 4/1979, S. 311–320

9 Koester, Ulrike: Was kann ich denn mal spielen?, in: Büttner, C. (Hrsg.): Spielerfahrungen mit Schülern, München 1981, S. 47

10 Sandner, a.a.O., S. 150

11 Wolf-Hüppauff, Edith: Gruppendynamische Seminare als Beitrag zur Entwicklung professioneller Identität, unveröffentlichtes Manuskript (Hess. Landeszentrale für pol. Bildung, Wiesbaden 1979), S. 7

Angst in der Schule

1 Zulliger, Hans: Die Angst unserer Kinder, Frankfurt 1972
2 Büttner, Christian: Liebe, ganz heimlich ... Spiel- und Gruppenprozesse in der Schulklasse, in: Büttner, C. (Hrsg.): Spielerfahrungen mit Schülern, München 1981, S. 96
3 Münch, W.: Supervision von Lehrergruppen, in: Koester, Ulrike/Büttner, Christian (Hrsg.): Liebe und Haß im Unterricht, Weinheim 1981, S. 130f.
4 Leber, Aloys: Terror, Teufel und primäre Erfahrung, in: Kindheit 1/1979, S. 38
5 ders.: Rückzug oder Rache?, in: Jahrbuch der Psychoanalyse, Bern 1976, S. 123
6 Brück, Horst: Die Angst des Lehrers vor seinem Schüler, Reinbek 1978, S. 165
7 Zehrfeld, K.: Detailuntersuchung zur Sprach- und Lernförderung bildungsbenachteiligter Schüler durch eine besondere Gestaltung von Kleingruppenarbeit in projektorientierten Lernformen, Wiesbaden 1980 (unveröffentl. Manuskript), S. 39